广西一流学科(培育)建设项目(桂教科研〔2018〕12 号)：

百色学院马克思主义理论一流学科(培育)资助

| 光明社科文库 |

# 新时代大学生廉洁教育论纲

黄东升◎著

光明日报出版社

**图书在版编目（CIP）数据**

新时代大学生廉洁教育论纲／黄东升著 . -- 北京：
光明日报出版社，2020.6（2022.4 重印）

ISBN 978 - 7 - 5194 - 5830 - 0

Ⅰ.①新… Ⅱ.①黄… Ⅲ.①大学生—品德教育—研
究 Ⅳ.①G641.6

中国版本图书馆 CIP 数据核字（2020）第 107559 号

**新时代大学生廉洁教育论纲**
**XINSHIDAI DAXUESHENG LIANJIE JIAOYU LUNGANG**

著　者：黄东升

责任编辑：曹美娜　黄　莺　　　　责任校对：李小蒙
封面设计：中联学林　　　　　　　责任印制：曹　净

出版发行：光明日报出版社

地　　址：北京市西城区永安路 106 号，100050

电　　话：010-63139890（咨询），010-63131930（邮购）

传　　真：010 - 63131930

网　　址：http://book. gmw. cn

E - mail：gmrbcbs@ gmw. cn

法律顾问：北京市兰台律师事务所龚柳方律师

印　　刷：三河市华东印刷有限公司

装　　订：三河市华东印刷有限公司

本书如有破损、缺页、装订错误，请与本社联系调换，电话：010-63131930

开　　本：170mm×240mm

字　　数：153 千字　　　　　　　印　　张：15

版　　次：2020 年 6 月第 1 版　　　印　　次：2022 年 4 月第 2 次印刷

书　　号：ISBN 978 - 7 - 5194 - 5830 - 0

定　　价：95.00 元

# 前　言

　　党的十八大以来，以习近平同志为核心的党中央高度重视反腐倡廉工作，通过强化教育、定规立矩、重拳反腐等手段，把全面从严治党不断引向深入，党风廉政建设和反腐败斗争取得了决定性胜利，营造了风清正气的政治生态和社会环境，为实现中华民族伟大复兴奠定了坚实的政治基础。习近平总书记在党的十九大报告中强调指出："青年兴则国家兴，青年强则国家强，广大青年要坚定理想信念，志存高远，脚踏实地，勇做时代的弄潮儿，在实现中国梦的生动实践中放飞青春梦想，在为人民利益的不懈奋斗中书写人生华章！"新时代的大学生肩负着实现中华民族伟大复兴中国梦的历史使命，不仅要有理想、有本领、有担当，而且要保持清正廉洁，自觉抵制不正之风，才能在中国特色社会主义的伟大实践中实现人生理想和奋斗目标。

　　注重大学生廉洁教育是国际社会的共识，2003年，《联合国反腐败公约》规定，反腐败要"积累和传播预防腐败的知识，提高公众对腐败的存在、根源、严重性及其所构成的威胁的认识；开展有助于不容忍腐败的公众宣传活动，以及包括中小学和大学课程在内的公共教育方案"。长期以来，党和国家高度重视大学生的廉洁教育，2005 年，中共中央制定了《建立健全教育、制度、监督并重的惩治和预防腐败体系实施纲要》。2007 年，教育部出台了《关于在大中小学全面开展廉洁教育的意见》，在国家层面确立了大学生廉洁教育的战略地位，为从源头上筑牢拒腐防变的道德防线提供了制度保障，为高校开展大学生廉洁教育作出了制度安排。

　　大学生廉洁教育是高校思想政治教育的重要组成部分，习近平总书记在全国高校思想政治工作会议上强调："高校思想政治工作关系高校培养什么样的人、如何培养人以及为谁培养人这个根本问题。"加强大学生廉洁教育是回答这个根本问题的应有之义。当前，世界正处于"百年未有之大变局"中，面临着政治多极化、经济全球化、文化多元化和社会信息化等多因素的冲击，特别是网络新媒体的普及，大学生成为网络社会的主力军，他们的个性更加张扬、视野更加开阔、思维更加活跃，海量而复杂的信息时刻刷新着大学生的认知边界、思维模式和价值选择，容易导致大学生出现政治信仰迷茫、理想信念模糊、价值取向扭曲等问题。虽然各高校都注重加强大学生的廉洁教育并取得了良好成效，但依然存在教育机制不够完善、内容体系不够完整、廉洁文化不够浓厚等共性问题，同时，部分大学生还存在廉洁认知不足、廉洁情感缺失、廉洁意识淡薄等问题。新时代的大学生是党的接班人，是国家的未来和民族的希望，他们是否清正廉洁将直接关系到党的事业能否薪火相传，直接关系到中国特色社会主义事业的兴衰成败。因此，加强大学生的廉洁教育具有重要的战略意义。

建设"廉洁中国"需要加强大学生的廉洁教育。在全面从严治党的新常态下，如何对大学生进行廉洁教育，从理论研究层面来看，目前还缺乏适应新时代发展需要的大学生廉洁教育理论奠基，即尚未形成科学的大学生廉洁教育理论体系；从高校实践层面来看，目前也尚未形成高效的大学生廉洁教育机制，仍然缺乏成熟的教育经验和做法。可见，探索新时代大学生廉洁教育具有重要的现实意义。

基于上述认识，结合本人多年从事纪检监察工作和高校德育研究的感悟，撰写出拙著《新时代大学生廉洁教育论纲》，主要是把大学生廉洁教育置于新时代背景下，探讨大学生廉洁教育的时代新要求和新使命，分析大学生廉洁教育的基本问题，提出大学生廉洁教育的行动策略。希望本书能够为推进大学生廉洁教育和相关研究有所裨益。

# 目  录
## CONTENTS

# 第一章

# 新时代大学生廉洁教育的目的和意义

建立健全惩治和预防腐败体系，是党中央在总结历史经验、科学判断形势的基础上，对反腐倡廉工作作出的重大战略决策部署。高校是培养时代新人的重要基地，担负着培养中国特色社会主义合格建设者和可靠接班人的重任。在高校全面开展廉洁教育，是加强大学生思想政治教育的必然要求，也是面向全社会开展反腐倡廉教育的重要组成部分。

## 第一节　大学生廉洁教育的目的

知、情、意、行是构成人的思想品德的基本要素。廉洁作为人的思想品德的重要组成部分，自然也包含这四个基本要素。廉洁教育的目的就是要培养大学生的廉洁认知、廉洁情感、廉洁意志和廉洁行为，不断增强大学生的廉洁意识、提高大学生的拒腐防变能力，推动大学生形成正确的廉洁价值观，形塑大学生的廉洁素养。

**一、促进大学生的廉洁认知**

"知"是廉洁认知，是指大学生对廉洁准则、廉洁规范等观念体系的认识和在此基础上形成的个体观念，以及对廉腐、清浊、美丑等的评价。人的认知和观念，有的是正确的合理的，有的是不正确不合理的。基于此，通过廉洁教育，使大学生全面理解廉洁的相关知识、准则、规范等，并形成大学生个体清正廉洁的价值观念，能够对什么是廉洁、什么是腐败作出准确的判断和评价。

对大学生进行廉洁教育，就是要让他们正确认识"公与私""廉与腐""俭与奢"的关系，这种认识是形成正确的人生价值观和廉洁观的重要前提和基础，越是拥有机会、条件和权力，越要坚持清正廉洁的人生价值导向。目前，高校的廉洁教育效果还不够理想，与廉洁理论武装不够有直接的关系。随着全面从严治党的深入推进，一些新的形式主义和不正之风不时出现，对此我们绝不能回避，必须加以深入研究和理论阐述，用反腐倡廉的科学理论和实践成果，向大学生阐明廉洁人生价值观的基本内容和要求，与中国特色社会主义道路相配套的意识形态只能是坚持全面从严治党。高校廉洁教育必须明确回答这个问题，使大学生正确认识中国特色社会主义和全面从严治党之间的关系，认识党风廉政建设和反腐败斗争的长期性、艰巨性，这是大学生将来观察社会的基本方法和坚持廉洁自律的价值尺度。

## 二、提升大学生的廉洁情感

"情"是廉洁情感，指的是大学生在廉洁实践中评价自己或他人的行为时，对廉洁准则、廉洁规范所产生的内心体验和感受。人的情感有正面和负面之分，通过廉洁教育，让大学生体验到清正廉洁的积极意义，感受到清正廉洁的正面影响，从而对清正为人、廉洁做事产生积极的情感认同。积极的廉洁情感体验主要表现在对清正廉明、廉洁奉公、不徇私情的不懈追求，以及对贪污腐败、行贿受贿、吃拿卡要等腐败现象的极度憎恶，这些内心的情感体验对大学生廉洁价值观的形成具有重要意义，既是正确认识廉洁的产物，也是不断深化廉洁认知的条件。

在廉洁行为需要大学生作出判断和选择时，有的大学生认为，廉洁是领导干部的事，与自己关系不大，却在考试中作弊、在奖助学金申请中作假、在学生干部竞选中走关系等，出现这些现象的重要原因是缺乏相应的廉洁情感，廉洁认知仅限于口头上。大学生积极廉洁情感的获得，不是单纯由社会价值标准向个体价值观念的转化，而是一个矛盾统一的过程。特别是网络时代的到来，大学生常常处于理想与现实之间的矛盾和困惑当中，感性多于理性，学校教育和社会现实的反差，也让他们时常感受到外部教育和自身的价值判断水平、廉洁道德水准之间的矛盾，这就构成了三足鼎立的矛盾碰撞点，内心廉洁情感体验往往就在这里产生，这正是廉洁教育的着力点和切入点。

廉洁价值观、廉洁规范作为一种意识形态，不会自动作用于大学生，只能是通过日常交往和活动载体来接触廉洁思想体系，并在需要作出价值判断时，才能获得内心的廉洁情感体验，进而逐步掌握廉洁准则、道德规范和社会规则，这是提高廉洁价值判断能力的过程，也是解决内心矛盾的过程。所以，高校要把廉洁教育贯穿于人才培养的全过程，加强廉洁校园文化建设，努力构建"三全育廉"体系。

### 三、增强大学生的廉洁意志

"意"是廉洁意志，指的是大学生内部的廉洁意向在向外部廉洁行为转化的过程中，克服困难和挫折时的顽强精神和不懈努力。人的意志品质也各有不同，意志的本质就是人对于自身行为关系的主观反映。通过开展廉洁教育，使大学生树立坚定的廉洁价值信念，在面临各种利益诱惑时，能够克服心理障碍，保持顽强的廉洁意志。

大学阶段是人的世界观、人生观和价值观走向定型的关键时期，这表明大学生还具有价值可塑性，加强大学生的廉洁意志磨练就显得尤为重要。廉洁的意志品质，表现在大学生在接受廉洁价值理论指导和按照廉洁价值标准约束自己的过程中产生的自觉性和主动性。在大学生的廉洁意志培育过程中，常常出现这样的情形，有时候坚持廉洁自律，有时候违反清正廉洁；有时候积极主动，有时候消极应对。这说明外部环境影响的复杂性，也说明大学生廉洁意志的磨练是一个痛苦而复杂的过程。因此，对大学生的廉洁意志的培育，要有足够的耐心，要加强反复指导，让他们在多次反复的廉洁实践中获得积极的内心体验，才能不断强化廉洁的意志品质，在面临各种诱惑时，始终能够做到清正廉洁。

### 四、强化大学生的廉洁行为

"行"是廉洁行为，指的是大学生的廉洁思想和廉洁意识的外在表征。通过廉洁教育，使大学生在日常的学习生活中，时刻保持廉洁自律、公正廉明，不做违背廉洁的事情，勇于抵制腐败并坚决与腐败行为作斗争。在现实生活中，能否实践廉洁的人生价值，是检验廉洁认识、廉洁情感、廉洁信念和廉洁意志的尺度。廉洁行为是廉洁素养的外在表现，也是最终衡量廉洁水平的重要标志。评价一个人是否清正廉洁，我们不是听其言，而是观其行。在很多已经查处的腐败案件中，腐败分子就是在台上大谈反腐倡廉，在台下却大肆贪污腐败，是典型的两面人。

近年来，大学生的廉洁水平有所下降，不仅在于对廉洁认识的不足，而且还缺少对廉洁行为的检验。大学生思想觉悟和廉洁素养的形成，就是要通过学习廉洁思想理论，提高对廉洁的认识，并在廉洁情感和廉洁意志的作用下付诸实践，最终转化为相应的廉洁行为习惯的过程。

在大学阶段，由于学生的"三观"尚未完全定型，他们的理性认知和行为选择往往容易出现脱节。他们既为廉洁奉公的英雄人物感动落泪，也为那些贪得无厌的腐败分子咬牙切齿，但在自己面对利益诱惑的时候，却也想通过不正当的手段去获取和享受。这些现象说明大学生的廉洁认知和廉洁实践、廉洁观念和廉洁行为之间还有相当大的差距。廉洁价值观的教育，必须抓住知与行的矛盾，高校、家庭、社会和媒体紧密配合，围绕廉洁价值观问题，开展丰富多彩的廉洁教育实践活动，让大学生在积极的情感体验中获得理性的认知，推动由知到行的转化；高校还可以通过可考评、可量化的措施，结合学校的规章制度和相关的廉洁法规，对大学生进行监督和约束，以促进知行合一。

## 第二节  大学生廉洁教育的意义

党的十八大以来，习近平总书记就反腐倡廉发表了系列重要论述，这其中就包含了作为基础工程的廉洁教育，形成了关于筑牢拒腐防变思想道德防线的理论体系。充分彰显了廉洁教育的价值功能，丰富和发展了我国反腐倡廉的思想内涵，具有重要的时代创新性和现实针对性，也对高校提出了加强大学生廉洁教育的新使命、新要求。

**一、弘扬中华民族优秀传统文化的客观要求**

我们强调的文化自信，不仅仅是对现代中国文化的自信，还包括对中华优秀传统文化的自信，而崇尚廉洁就是中华优秀传统文化的重要内容。历代以来对官吏的选拔和人才培养都非常注重以"廉洁"为标准。如《周礼·天官冢宰》记载："以听官府之六计，弊群吏之治。一曰廉善，二曰廉能，三曰廉敬，四曰廉正，五曰廉法，六曰廉辨。"其译意是：用公平治理官府的"六项"评断官吏的标准来评断吏治。一是廉洁而又能做好工作，二是廉洁而又能推行政令，三是廉洁而又勤勉努力，四是廉洁而又处事公正，五是廉洁而又执法无误，六是廉洁而又明辨是非。由此可见，"廉洁"在考评官吏的六个方面政绩中，都处于前提性和基础性地位，如果做不到清正廉洁，其他方面的能力再突出也不被认可。

考察中国历代廉政监察体制，"历代王朝都注意提倡廉政，除以严刑峻法惩治贪官污吏之外，就是不断加强制度建设，完善监督体系，作为廉政建设的制度保障，中国古代的廉政制度主要有官吏监督制度、考核奖惩制度、任官回避制度、文官考试制度（科举制度）等等"①。这些都是我国优秀传统文化中的廉洁制度文化，是新时代反腐倡廉建设的思想基础，也是大学生廉洁教育的文化土壤。因此，通过开展大学生廉洁教育，解读中国传统的廉政思想和廉洁文化，这对于传承和弘扬中华优秀传统文化，特别是增强大学生的民族文化自信，具有重要的现实意义。

--------

① 宋振国，刘长敏，等. 各国廉政建设比较研究（修订版）［M］. 北京：知识产权出版社，2013：375.

### 二、建立健全预防腐败体系的必然选择

2005 年 1 月，中共中央发布的《建立健全教育、制度、监督并重的惩治和预防腐败体系实施纲要》（以下简称《实施纲要》）明确要求，反腐倡廉教育要面向全社会，把思想教育、纪律教育与社会公德、职业道德、家庭美德教育和法制教育结合起来；大力加强廉政文化建设，积极推动廉政文化进社区、家庭、学校、企业和农村。为贯彻落实《实施纲要》，2005 年 7 月，教育部出台的《关于在大中小学开展廉洁教育试点工作的意见》明确提出，在大中小学开展廉洁教育试点工作，是建立健全党风廉政建设和反腐败工作长效机制的必然要求。2007 年 3 月，教育部又出台了《关于在大中小学全面开展廉洁教育的意见》；2008 年 9 月，中纪委、教育部、监察部联合出台了《关于加强高等学校反腐倡廉建设的意见》，进一步推动防腐体系的建立健全。国际透明组织认为，"廉洁教育对于预防腐败至关重要，因为制度再完美，也无法彻底防止腐败"①。

党的十八大以来，在以习近平同志为核心的党中央领导下，我国的党风廉政建设和反腐败斗争取得了决定性胜利，除了重典治腐，还要不断建立健全反腐倡廉的教育、制度和监督体系，形成了完善的惩防腐败体系。廉洁教育是惩防腐败体系建设的基础性工程，只有坚持标本兼治、综合治理、惩防并举、注重预防的方针，才能从

---

① 宋敦福. 大学生廉洁教育教程［M］. 北京：北京理工大学出版社，2013.

根本上解决腐败问题的发生。大学生作为社会主义建设者和接班人，对他们进行廉洁教育，是建立健全预防腐败的必然选择，是治本之策，也是建设"廉洁中国"的客观要求。

### 三、实现高校人才培养目标的重要举措

2016 年 12 月，习近平总书记在全国高校思想政治工作会议上强调指出："实现中华民族伟大复兴，教育的地位和作用不可忽视。我们对高等教育的需要比以往任何时候都更加迫切，对科学知识和卓越人才的渴求比以往任何时候都更加强烈。"① 作为国家最宝贵的资源，人才始终是国家综合实力与核心竞争力的决定性因素，新时代的大学生就是我国重要的人才资源。2018 年 10 月，习近平总书记在全国教育大会上再次强调，要培养德智体美劳全面发展的社会主义建设者和接班人。这是高校人才培养的根本任务。

大学生作为国家的未来、民族的希望，他们的廉洁素养关乎党的后继有人，关乎中国特色社会主义事业的兴衰成败，更关乎中华民族伟大复兴中国梦的实现。因此，高校既要求大学生"扎扎实实学好专业知识、掌握过硬本领，同时也要把他们培养成为理想远大、信念坚定、政治合格、作风正派的合格人才，使他们能够与时代同步伐、与祖国共命运、与人民同呼吸共奋斗"②。这就要求高校加强

---

① 习近平. 把思想政治工作贯穿教育教学全过程 开创我国高等教育事业发展新局面 [N]. 人民日报，2016 - 12 - 09（1）.

② 宋敦福. 大学生廉洁教育教程 [M]. 北京：北京理工大学出版社，2013.

大学生的廉洁教育，以增强他们的廉洁自律意识，提高他们的拒腐防变能力，使他们树立"以遵纪守法为荣、以违法乱纪为耻"的荣辱观，在"思廉、敬廉、畏廉、崇廉"中成长成才，才能实现高质量的人才培养目标。可以说，加强大学生廉洁教育，是中国特色高等教育的重要特征。

### 四、推动高校思想政治教育创新发展的应有之义

习近平总书记多次强调："高校思想政治工作关系高校培养什么样的人、如何培养人以及为谁培养人这个根本问题。"① 要正确回答这个根本问题，就必须不断创新高校的思想政治教育，把思想政治教育作为新时代铸魂育人的核心任务。从 2007 年起，廉洁教育已在全国的大中小学全面铺开，经过十多年的实践探索，已经形成了较为完善的廉洁教育体系，并取得了良好效果。但从高校大学生廉洁教育的现状来看，大学生廉洁教育尚未得到足够重视，主要表现在还没有具体的目标、完善的内容、管用的方法和科学的评价等，甚至面临边缘化、淡化、虚化的风险，导致大学生屡屡出现违反廉洁行为，如考试作弊、请客送礼、阿谀奉承、违反学术道德等。当然，我们不能否认廉洁教育已经融入到高校思想政治教育体系当中，但是，廉洁教育有其自身的教育特征和方法要求，应该予以凸显，打造中国特色的大学生廉洁教育体系，才能取得真正的教育效果。

---

① 习近平. 把思想政治工作贯穿教育教学全过程 开创我国高等教育事业发展新局面 [N]. 人民日报，2016-12-09（1）.

2007 年 3 月，教育部出台的《关于在大中小学全面开展廉洁教育的意见》明确提出："在大中小学全面开展廉洁教育，是面向全社会开展反腐倡廉教育的重要组成部分，是加强青少年思想道德教育的必然要求。"廉洁教育既是高校铸魂育人的内在要求，也是大学生成长成才的价值引领。加强大学生廉洁教育，有利于提升高校思想政治教育的针对性和实效性，是推动高校思想政治教育创新发展的应有之义。

### 五、促进大学生成长成才的内在要求

"功崇惟志，业广惟勤"（《尚书·周书》）。党的十八大以来，习近平总书记对青少年寄予了殷切期望，他希望"全国广大青少年，要志存高远，增长知识，锤炼意志，让青春在时代进步中焕发出绚丽的光彩"[1]，为广大青少年指明了成长成才的方向。大学阶段是大学生世界观、人生观、价值观形成的关键时期，而廉洁自律、诚实正直是做人的基本准则，是大学生应该具备的道德素质，关乎大学生个人的成才问题。对大学生进行廉洁教育，不断增强大学生的廉洁自律意识和拒腐防变能力，对大学生的成长成才至关重要。

新时代大学生的思想主流是好的，他们积极向上，渴望在奉献中实现人生价值，他们追求公平正义，对腐败现象深恶痛绝，但也有部分大学生因受社会不良现象的影响，从而产生急功近利的心态，

---

[1] 习近平. 在第十二届全国人民代表大会第一次会议上的讲话 [N]. 人民日报，2013 - 03 - 18 (1).

"权钱交易""关系哲学"成为个别大学生的处事之道，如果任由这种现象发展蔓延，不仅破坏了高校的育人生态，更为可怕的是，当这些思想随着大学生走向社会、走上工作岗位，对整个社会和政治生态所造成的破坏将难以想象，特别是对大学生个人的发展前途及其家庭带来严重的危害。因此，高校廉洁教育是给大学生接种的"防腐疫苗"，能够增强他们的防腐免疫力。通过开展廉洁教育，引导他们深入了解国家的反腐倡廉工作体系，相信党治理腐败的决心和能力，使他们充分认识到腐败的危害性，不断增强廉洁自律意识，提高拒腐防变能力。通过廉洁教育，使他们正确地认识到，在新时代只有靠个人的聪明才智和不懈奋斗才能获得成功，才能实现人生理想，而靠走后门、拉关系、找靠山等不正当行为，不仅难以站稳脚跟，而且容易身败名裂。只有转变大学生的廉洁价值观念，才能让他们健康地成长成才，成为堪当民族复兴大任的时代新人。

第二章

# 新时代大学生廉洁教育的理论基础

在人类文明发展的历史长河中，廉洁始终扮演着重要角色，是社会进步的重要推动力，廉洁文化成为先进文化的重要组成部分。从马克思主义到中国化的马克思主义，廉政廉洁始终是绕不开的核心议题，党的十八大报告明确提出："全面推进惩治和预防腐败体系建设，做到干部清正、政府清廉、政治清明。"[①] 党的十九大报告也明确提出："弘扬忠诚老实、公道正派、实事求是、清正廉洁等价值观。"[②] 由此可见，廉洁已经上升为党和国家建设的新高度。马克思主义廉政思想、中国化的马克思主义廉政思想、中国传统廉洁文化、国外的廉洁思想等为新时代大学生廉洁教育奠定了坚实的理论基础。

---

① 胡锦涛. 坚定不移沿着中国特色社会主义道路前进 为全面建成小康社会而奋斗——在中国共产党第十八次全国代表大会上的报告 [N]．人民日报，2012－11－18 (1).

② 习近平．决胜全面建成小康社会 夺取新时代国特色社会主义伟大胜利——在中国共产党第十九次全国代表大会上的报告 [R／OL]．新华网，2017－10－27.

## 第一节　马克思主义的廉政思想

马克思主义廉政思想包括马克思、恩格斯、列宁等经典作家和政治家的廉政思想，他们的廉政思想是社会主义廉政思想的重要根基，也是我国历代领导人廉政思想的重要基础，共同推动并形成中国化的马克思主义廉政思想和廉洁文化，为新时代大学生廉洁教育提供了丰富的理论滋养。

### 一、马克思、恩格斯和列宁的廉政思想

马克思、恩格斯、列宁等无产阶级革命导师，"在创建无产阶级政党和领导革命的过程中，总结了以往政权、政党建设的经验和教训，概括出了无产阶级政权、政党的廉政思想。"[①] 在他们的经典著作中，大力强调要加强党风廉政建设和反腐败斗争，保持政党的纯洁性和人民公仆意识。

马克思、恩格斯对腐败的根源进行了深刻阐述，并提出建立廉洁政权的基本构想，马克思、恩格斯认为："腐败是伴随私有制和阶级的出现、国家的产生而出现的社会现象，并存在于社会的各个发展阶段，在阶级社会里不可能摆脱腐败。要根除腐败，除了通过革

---

① 侯帅. 大学生廉洁意识教育研究［D］. 南京：南京师范大学，2017.

命推翻资产阶级统治，消灭私有制，还要建立和完善人民民主制度，大力发展生产力，提高人民的科学文化素质，消灭腐败赖以产生的社会思想、政治和经济根源。"① 公权力的私有化是产生腐败的根源，只有建立新型的人民政权，才能从根本上解决腐败的制度基础。在《法兰西内战》中，马克思提出了关于无产阶级国家政权建设的构想，"其中，制止腐败，建设廉洁新政权，打造以为民、民主、责任、清廉为核心的廉洁政府是法兰西内战的主线与核心"②。"为民、民主、责任、清廉"构成了马克思主义廉政思想的基本要素。

马克思、恩格斯创立了民主反腐理论，强调对权力的民主监督和制约，主要包括以下三个方面：一是建立无产阶级政权。实行人民民主专政，为治理腐败提供制度保证，确保人民实现当家作主。二是实行民主集中制。保障民主反腐机制的有效运行，以党内民主带动社会民主建设，恩格斯指出："在党内绝对自由地交换意见是必要的。"③ 三是把坚持民主作为处理公共事务的基本原则。通过民主选举产生的公职人员，必须接受人民的监督，要用公开、透明和民主的方式处理公共事务，让权力在阳光下运行。

为探索廉政建设路径，马克思、恩格斯提出建设廉洁政府、培育公职人员公仆意识的主张。"马克思、恩格斯虽然没有无产阶级政党执政的经历，但他们却在对巴黎公社经验的总结中，提出了无产

---

① 周卫东. 廉政理论研究 [M]. 北京：中央编译出版社，2005：2 - 3.

② 田旭明. 马克思廉政思想的政治伦理向度——重读《法兰西内战》[J]. 中共浙江省委党校学报，2013（2）.

③ 马克思恩格斯全集：第37卷 [M]. 北京：人民出版社，1971：435.

阶级取得政权以后要防止国家机关和公职人员由'社会公仆'变为'社会主人'的重要思想。"① 为此，马克思、恩格斯从思想道德和法律制度两方面提出约束权力的路径："一是对公职人员进行廉政思想教育，树立公仆意识。二是实行普选制、罢免制、监督制、法制，为廉洁政府提供制度保障。"②

列宁继承了马克思、恩格斯的廉政建设思想。他结合俄国实际，就如何建设无产阶级政党和社会主义国家，对廉政建设进行了探索，主要体现在："一是从个人、政治体制、文化三个层面分析了官僚主义的根源。列宁认为个人的自私观念、政治体制的不完善、文化的落后是导致官僚主义产生的主要原因。因此，他主张严惩个人官僚主义行为，对个人进行共产主义思想和科学文化知识的教育，以提高个人的思想觉悟和文化素养，根除官僚意识形态。二是防止人民公仆变质，提出相应的治理举措。列宁清醒地认识到无产阶级执政的最大危险是脱离群众，为此需要从严治党，反对任何形式的党内特权，要求严格入党条件，提高党员质量，纯洁党员队伍，加强党员思想教育，消除特权思想，时刻保持党的先进性，提高为人民服务的公仆意识。三是改革党政关系，完善监督机制。列宁认为党政不分、监督缺位是产生官僚主义的重要原因，提出国家机关要实行党政分开、精兵简政，做到精干有效、优质足量，同时建立健全监督机制，实现对权力的全方位有效约束。四是加强法制建设，为廉

---

① 丁俊萍. 马克思恩格斯的廉政思想 [J]. 廉政文化研究, 2010 (4).
② 侯帅. 大学生廉洁意识教育研究 [D]. 南京: 南京师范大学, 2017.

政建设提供法律保障。列宁认为无产阶级政权要善于运用法律武器严惩腐败，强调法律面前人人平等，须有法可依、有法必依、执法必严、违法必究，禁止以权压法。"① 列宁的廉政建设思想丰富和发展了马克思主义廉政学说，为中国的党风廉政建设提供了科学的思想指导。

### 二、中国化的马克思主义廉政思想

中国化的马克思主义廉政思想就是中国共产党的廉政思想，是我国历代领导人创造性运用马克思主义廉政思想于中国革命、建设和改革的伟大实践中形成和发展起来的，是中国化的马克思主义廉政思想。毛泽东、邓小平、江泽民、胡锦涛、习近平的廉政思想，为新时代大学生廉洁教育提供了强大的理论指导。

#### （一）毛泽东的廉政思想

毛泽东在领导革命和社会主义建设的伟大实践中，没有照搬马克思主义廉政思想，而是结合中国的具体实际，对马克思主义廉政思想进行创新和发展。毛泽东的廉政思想包括教育防腐、制度治腐和运动反腐三个方面，开创了中国特色的廉政建设思想体系，为中国共产党的廉政建设奠定了雄厚的思想基础。

毛泽东深刻洞察中国革命和社会主义建设的特殊规律性，强调思想建党的极端重要性，通过思想教育提高党性修养和拒腐防变能

---

① 侯帅. 大学生廉洁意识教育研究［D］. 南京：南京师范大学，2017.

力。毛泽东教育防腐的内容主要包括"正确路线教育""宗旨教育"和"两个务必"。通过"正确路线教育",提高党员的思想觉悟,正确开展党内思想斗争,确保了党风清正、党员廉洁。"正确路线教育"贯穿毛泽东领导革命和社会主义建设的始终,"是打造新型的马克思主义政党和确保中共执政安全最有力的思想武器"①。"宗旨教育"就是以党的根本宗旨"为人民服务"教育党员干部,并将其作为评价党员干部的根本标准。毛泽东强调:"我们的人民政府是真正代表人民利益的政府,是为人民服务的政府"②,"国家机关必须依靠人民群众,国家机关工作人员必须为人民服务"③。通过教育让广大党员干部始终牢记并践行党的根本宗旨,要真正做到"为人民服务",就必须反腐倡廉,因为党员的廉洁奉公,是实现"为人民服务"的基本前提。"两个务必"是毛泽东在全党即将成为执政党时提出的廉政警训,针对党内出现自诩功臣、贪图享乐的"两种情绪",要求全党"务必使同志们继续地保持谦虚、谨慎、不骄、不躁的作风,务必使同志们继续地保持艰苦奋斗的作风"④。教育警醒广大党员干部不忘革命初心。

毛泽东的制度治腐思想包括"三大民主""三三制民主""民主集中制"和"走出周期律"。"三大民主"是红军初创时期的军内民主制度,即经济民主、政治民主和军事民主,通过实行"三大民主"

---

① 侯帅. 大学生廉洁意识教育研究 [D]. 南京:南京师范大学,2017.
② 毛泽东文集:第7卷 [M]. 北京:人民出版社,1999:205.
③ 毛泽东文集:第7卷 [M]. 北京:人民出版社,1999:207.
④ 毛泽东文集:第4卷 [M]. 北京:人民出版社,1991:1438 – 1439.

制度，确保官兵平等、促进官兵团结、根治军中腐败。"三三制"源自1940年毛泽东起草的《抗日根据地的政权问题》，即在政权工作人员中，共产党员、非党的左派进步分子和中间派应各占三分之一，实行"三三制"，这种开创性的党派民主政治制度，极大地发挥民主党派的监督作用，有利于防止党内腐败现象的发生。"民主集中制"是毛泽东对马克思、恩格斯"民主反腐"思想的重大创新，他对民主与集中之间的关系进行了科学阐述，认为民主是集中的基础，集中是民主的方向，通过民主与集中的有机结合，可以防止民主涣散和独裁专制，有效杜绝党内的腐败问题。"走出周期律"是毛泽东对实现彻底反腐的科学回答，通过实行"民主执政、民主监督、民主反腐"制度，从而跳出腐败的历史"周期律"。

毛泽东的运动反腐包括"整风运动""三反五反""自下而上"等形式。运动反腐是民主反腐的拓展与升华，以期达到党风清、政风廉、民风纯的效果，这是毛泽东廉政思想的伟大实践。通过"整风运动"来加强党员干部的廉洁作风，"是毛泽东从延安整风开始创造出来加强党的自身建设、防止党内腐败的有效方略，这是在一定时期内，针对党内存在的主要错误倾向，有领导、有计划、有步骤、有目的地学习马克思主义著作和党的文献，联系实际，总结经验和教训，开展批评与自我批评，整顿党内非无产阶级思想，以达到提高全党理论水平、增强党性修养、纯洁党员干部队伍和提高党的战斗力的目的。"① "三反五反" 运动是 "毛泽东针对贪腐浪费、以权谋私、脱离群众等危险现象，发动和依靠群众开展专项整治的大规模群众性反腐运动，这种反腐模式是针对突出问题，集中时间、集中力量、集中领导，调动人民群众参与党和国家政治生活，把党的群众路线应用于反腐败领域的运动式治理"②。"自下而上"就是发动人民群众参与到反腐运动中，鼓励人民群众揭露腐败行为，同时发挥党员干部的反腐表率作用，带领人民群众深入开展反腐倡廉活动，构建上下联动、相辅相成的反腐格局，确保党的清正廉洁和国家的长治久安。

（二）邓小平的廉政思想

邓小平廉政思想的形成与发展，始终坚持实事求是的思想路线。在继承马列主义廉政思想、毛泽东廉政思想和总结廉政建设经验教训的基础上，邓小平结合改革开放的时代背景，有效推动了马克思主义廉政思想的中国化、特色化，具有很强的实践性、科学性和创新性。

邓小平的廉政思想注重教育防腐和制度反腐的有机结合，尤其突出发挥制度反腐的作用。在教育防腐方面，邓小平深刻地认识到，要改善党的领导，必须提高党员干部的思想素质，做好思想教育工作。通过对党员干部进行理想信念教育、遵纪守法教育、党的宗旨

① 沈其新. 中华廉洁文化与中国共产党先进性建设 [M]. 长沙：湖南大学出版社，2008：154 – 155.
② 侯帅. 大学生廉洁意识教育研究 [D]. 南京：南京师范大学，2017.

教育等，筑牢党员干部的思想防线。在制度反腐方面：一是加强立法，依法反腐。邓小平强调指出，所有国家机关和政党、任何组织和个人都必须在法律范围内活动，必须坚持有法必依、违法必究、执法必严、在法律面前人人平等的原则。将反腐纳入法制轨道，推动实现以法养廉、以法促廉、以法保廉。二是完善机构，健全制度。1978 年 12 月，恢复重建中央纪律检查委员会，从组织制度层面完善反腐机制，邓小平多次强调，制度是防止权力滥用的有效举措，因为"这些方面的制度好可以使坏人无法任意横行，制度不好可以使好人无法充分做好事，甚至会走向反面"①。三是强化监督，促进廉政。通过恢复党的民主生活强化党内监督、拓宽民主渠道强化党派监督，接受群众来访强化群众监督，形成共同反腐合力。

随着改革开放的深入推进，邓小平科学预见到市场经济将会带来腐败问题的滋生，他提出了反腐败斗争的原则和方针：一是坚持两手抓、两手都要硬的方针。"一手抓改革开放，一手抓惩治腐败"②，"这两件事结合起来，对照起来，就可以使我们的政策更加明朗，更能获得人心"③。邓小平在强调以经济建设为中心的同时，强调要突出反腐败斗争，为经济建设和改革开放保驾护航。二是要常抓不懈反腐败。邓小平强调"整个改革开放过程中都要反对腐败"④，"开放、搞活，必然带来一些不好的东西，不对付它，就会

---

① 邓小平文选：第 2 卷 [M]．北京：人民出版社，1994：333.
② 邓小平文选：第 3 卷 [M]．北京：人民出版社，2001：314.
③ 邓小平文选：第 3 卷 [M]．北京：人民出版社，2001：314.
④ 邓小平文选：第 3 卷 [M]．北京：人民出版社，2001：327.

走到邪路上去"①。邓小平认为反腐败既是社会主义精神文明建设的重要内容，也是社会主义物质文明的必要条件。"经济建设与反腐败存在辩证关系，即经济发展是反腐败的物质基础，反腐败是经济健康发展的保证。"② 三是坚持党要管党、从严治党。邓小平强调指出："对执政党来说，党要管党，最关键的是干部问题，因为许多党员都在当大大小小的干部"③，"党员在党章和党纪面前人人平等"④，"要坚持和改善党的领导，必须严格地维护党的纪律，极大地加强纪律性"⑤，突出了邓小平对管党治党的高度重视。

### （三）江泽民的廉政思想

江泽民的廉政思想形成和发展于改革开放的关键期，社会主义现代化建设进入转型发展阶段，在市场经济高速发展的同时，腐败现象也随之蔓延，给党风廉政建设带来了新任务、新问题和新挑战。党的十五大报告明确提出，"反对腐败是关系党和国家生死存亡的严重政治斗争。"⑥ 江泽民提出的"三个代表"重要思想，是对"怎样建设执政党"的科学回答，为反腐败斗争提供强大的思想武器。

在新的历史时期，党的执政能力面临着更加复杂而严峻的考验。

---

① 邓小平文选：第 3 卷 ［M］. 北京：人民出版社，2001：164.
② 侯帅. 大学生廉洁意识教育研究 ［D］. 南京：南京师范大学，2017.
③ 邓小平文选：第 1 卷 ［M］. 北京：人民出版社，1994：328.
④ 邓小平文选：第 2 卷 ［M］. 北京：人民出版社，1994：332.
⑤ 邓小平文选：第 2 卷 ［M］. 北京：人民出版社，1994：271.
⑥ 江泽民. 高举邓小平理论伟大旗帜 把建设有中国特色社会主义事业全面推向二十一世纪——在中国共产党第十五次全国代表大会上的报告 ［R/OL］. 中国共产党新闻，1997 – 09 – 12.

由市场经济引发的腐败问题，呈现出高频多发、集体腐败、体制失守等新的特征，反腐败斗争面临着前所未有的紧迫性、严峻性。江泽民清醒地意识到"腐败现象是侵入党和国家机关健康肌体的病毒，如果我们掉以轻心，任其泛滥，就会葬送我们的党，葬送我们的人民政权，葬送我们的社会主义现代化大业。"① 把反腐败斗争从经济和社会问题上升到政治问题的战略高度，"反腐败斗争是关系党心、民心、关系党和国家前途命运的严重政治斗争。在这个问题上，旗帜必须鲜明，态度必须坚决，工作必须锲而不舍。这个问题不解决好，我们的改革开放和现代化建设就没有坚强的政治保证，就会走到邪路上去，就有亡党亡国的危险"。②

在反腐策略方面，江泽民提出："坚持标本兼治，教育是基础，法制是保证，监督是关键。通过深化改革，不断铲除腐败现象滋生蔓延的土壤和条件。"③ 从而开启了反腐治本的新篇章，江泽民强调"治本，从源头上预防和治理腐败现象，才能巩固和发展反腐败已经取得的成果，从根本上解决腐败问题"④。为此，一是要加强廉政教育，筑牢思想防线。"要从思想上筑牢反腐倡廉、拒腐防变的堤防。加强党的思想政治建设，是从源头上预防和治理腐败现象的一项极端重要的工作，必须贯穿改革开放和现代化建设的全过程。"⑤ 二是

---

① 江泽民文选：第1卷［M］. 北京：人民出版社，2006：319.
② 中共中央文献研究室. 十四大以来重要文献选编（下）［M］. 北京：人民出版社，1999：2270.
③ 江泽民文选：第3卷［M］. 北京：人民出版社，2006：176 - 177.
④ 江泽民文选：第3卷［M］. 北京：人民出版社，2006：187.
⑤ 江泽民文选：第3卷［M］. 北京：人民出版社，2006：190.

实行反腐败领导负责制。他强调，"各级党政主要领导同志要对本地区、本部门的反腐败斗争负责，首先要把领导班子管好，一级抓一级，层层抓落实，对严重的违纪违法问题，都要一查到底。要立下一条规矩：哪里有严重问题不查处，就追究哪里领导的责任"①。由主要领导负责的反腐败斗争，取得了党风廉政建设的丰硕成果。三是推动反腐体制创新。江泽民认为，易腐环节的体制改革是反腐的重点，针对腐败的体制性问题，需要通过体制创新和改革建立起结构合理、配置科学、程序严密、互相制约的权力机制，以实现体制性反腐。即"党委统一领导，党政齐抓共管，纪委组织协调，部门各负其责，依靠群众的支持和参与，坚决遏制腐败现象。"② 江泽民的系统反腐思维，实现了反腐治本的手段创新。

"三个代表"重要思想为江泽民创新党风廉政建设注入了新动力。只有贯彻落实"三个代表"重要思想，才能有效提高党员的拒腐防变能力，全面增强全党抵御风险能力。"中国共产党必须始终代表中国先进生产力的发展要求"，就是要大力发展生产力，为治理腐败提供坚实的物质基础，才能从根本上解决腐败问题，正如邓小平提出的"要用经济办法解决政治问题、社会问题"③；"中国共产党必须始终代表中国先进文化的前进方向"，就是通过加强社会主义文

---

① 江泽民文选：第1卷［M］. 北京：人民出版社，2006：455.
② 江泽民. 高举邓小平理论伟大旗帜 把建设有中国特色社会主义事业全面推向二十一世纪——在中国共产党第十五次全国代表大会上的报告［R/OL］. 中国共产党新闻，1999 – 09 – 12.
③ 邓小平文选：第2卷［M］. 北京：人民出版社，1994：196.

化建设，营造风清气正的社会环境，为反腐倡廉提供强大的精神动力；"中国共产党必须始终代表中国最广大人民的根本利益"，就是要全心全意为人民服务，解决侵害人民利益的腐败问题，这是反腐倡廉的出发点和落脚点。

（四）胡锦涛的廉政思想

胡锦涛的廉政思想以科学发展观为指导，以建设中国特色社会主义和谐社会为目标。以人为本是胡锦涛廉政思想的价值理念，构建中国特色的惩治和预防腐败体系是胡锦涛廉政思想的基本框架。"要坚持人民是历史创造者的历史唯物主义观点，坚持全心全意为人民服务，坚持群众路线，真诚倾听群众呼声，真实反映群众愿望，真情关心群众疾苦，多为群众办好事、办实事，做到权为民所用、情为民所系、利为民所谋。"① 为"实现好、维护好、发展好最广大人民群众的根本利益"②，必须加强党风廉政建设和反腐败斗争，胡锦涛要求党员干部坚持走群众路线，依靠群众反腐倡廉。

胡锦涛高度重视惩治和预防腐败体系建设。"党风廉政建设和反腐败工作要以邓小平理论和'三个代表'重要思想为指导，深入贯彻落实科学发展观，坚持标本兼治、综合治理、惩防并举、注重预防的方针，严明党的纪律，加强党的作风建设，推进惩治和预防腐

---

① 中共中央文献研究室．十七大以来重要文献选编（上）[M]．北京：中央文献出版社，2009：42．

② 中共中央文献研究室．十七大以来重要文献选编（上）[M]．北京：中央文献出版社，2009：45．

败体系建设，着力解决反腐倡廉建设中人民群众反映强烈的突出问题，突出工作重点，狠抓任务落实。"① 为科学构建惩治和预防腐败体系，胡锦涛从思想作风教育、廉政制度建设、监督制约机制等方面提出具体要求。一是加强思想作风教育。胡锦涛在十七届四中全会上提出要"大兴四风"，以培育为民、务实、清廉的执政作风。在十七届中纪委六次全会上，胡锦涛强调："要教育引导党员干部特别是领导干部自觉加强道德修养，常修为政之德、常思贪欲之害、常怀律己之心。"② 明确要求党员干部要加强党性修养、磨砺党性、永葆党的纯洁。通过加强思想作风教育，为反腐倡廉提供思想保证。二是完善廉政制度建设。胡锦涛认为，加强廉政制度建设是制约权力的重要手段，"以建立健全惩治和预防腐败体系各项制度为重点，以制约和监督权力为核心，以提高制度执行力为抓手，加强整体规划，抓紧重点突破，逐步建成内容科学、程序严密、配套完善、有效管用的反腐倡廉制度体系，切实提高制度执行力、增强制度实效。"③ 通过实行领导干部报告个人有关事项制度、政府信息公开制度、党政领导干部问责制、廉政承诺制等，对权力进行有效制约，以确保权力不被滥用，预防腐败问题发生。三是健全监督制约机制。"反腐倡廉，监督是关键。要认真执行和不断完善各项监督制度，积

---

① 胡锦涛. 切实做好保持党的纯洁性各项工作 深入推进党风廉政建设和反腐败斗争[N]. 人民日报，2012 – 01 – 10 (1).
② 胡锦涛. 切实做好保持党的纯洁性各项工作 深入推进党风廉政建设和反腐败斗争[N]. 人民日报，2012 – 01 – 10 (1).
③ 中共中央文献研究室. 十七大以来重要文献选编（中）[M]. 北京：中共文献出版社，2011：416.

极探索加强监督的有效途径和方式方法，加大监督制度创新力度，逐步完善监督体制，明确监督责任，建立健全决策权、执行权、监督权既相互制约又相互协调的权力结构和运行机制。"① 通过优化整合党内监督、民主监督、群众监督和舆论监督等监督力量，创新巡视、纪检、审计监督方式，构筑立体化的监督防腐网络，增强监督合力，防止权力异化和腐败问题发生。

（五）习近平的反腐倡廉重要论述

习近平的反腐倡廉重要论述是习近平新时代中国特色社会主义思想的重要组成部分，是马克思主义廉政思想中国化的最新理论成果。党的十八大以来，习近平总书记站在党和国家安全的战略高度，直面党风廉政建设和反腐败斗争的严峻形势，以坚定的政治决心、顽强的政治意志、高超的政治智慧，以永远在路上的执着和定力，坚持党要管党、从严治党、正风肃纪、反腐除恶，掀起了力度空前的反腐浪潮，深入开展党风廉政建设，反腐败斗争取得了压倒性胜利，一体推进"不敢腐、不能腐、不想腐"。习近平的反腐倡廉重要论述博大精深、逻辑严密、内涵丰富，对新时代全面从严治党具有十分重要的政治意义、理论意义和实践指导意义，为实现中华民族伟大复兴提供了坚强的政治保障。

习近平总书记深刻认识到腐败问题的严重性，他强调指出："新形势下，我们党面临着许多严峻挑战，党内存在着许多亟待解决的

---

① 中共中央文献研究室. 十七大以来重要文献选编（中）［M］. 北京：中共文献出版社，2011：417.

问题。尤其是一些党员干部中发生的贪污腐败、脱离群众、形式主义、官僚主义等问题，必须下大力气解决。"① 他更深刻地认识到腐败问题的危害性，在十八届中纪委二次全会上，习近平总书记指出："我们党把党风廉政建设和反腐败斗争提到关系党和国家生死存亡的高度来认识，是深刻总结了古今中外的历史教训的。中国历史上因为统治集团严重腐败导致人亡政息的例子比比皆是，当今世界上由于执政党腐化堕落、严重脱离群众导致失去政权的例子也不胜枚举啊！"② 明确了党风廉政建设和反腐败斗争是我们必须抓好的重大政治任务。

习近平总书记在十八届三中全会上作出"党风廉政建设和反腐败斗争形势依然严峻复杂"③ 的科学判断，表明要加大惩治腐败力度，坚持以零容忍态度和保持高压态势惩治腐败，坚决遏制腐败现象蔓延势头，强调"要深入抓好反腐倡廉工作，坚持有案必查、有腐必惩，任何人触犯了党纪国法都要依纪依法严肃查处，决不姑息，党内决不允许腐败分子有藏身之地。"④ 习近平总书记要求"全党同志要深刻认识反腐败斗争的长期性、复杂性、艰巨性，以猛药去疴、

　① 中共中央文献研究室. 十八大以来重要文献选编（上）[M]. 北京：中央文献出版社，2014：70.
　② 中共中央纪律检查委员会，中共中央文献研究室. 习近平关于党风廉政建设和反腐败斗争论述摘编 [M]. 北京：中央文献出版社，中国方正出版社，2015：5.
　③ 中共中央纪律检查委员会，中共中央文献研究室. 习近平关于党风廉政建设和反腐败斗争论述摘编 [M]. 北京：中央文献出版社，中国方正出版社，2015：17.
　④ 中共中央纪律检查委员会，中共中央文献研究室. 习近平关于党风廉政建设和反腐败斗争论述摘编 [M]. 北京：中央文献出版社，中国方正出版社，2015：93.

重典治乱的决心，以刮骨疗毒、壮士断腕的勇气，坚决把党风廉政建设和反腐败斗争进行到底"①，强调既要坚持"打虎""拍蝇"，又要坚持"经常抓、长期抓"，"腐败分子即使逃到天涯海角，也要把他们追回来绳之以法"。

党的十九大以来，习近平总书记对党风廉政建设和反腐败斗争进行更深层次的论述，提出了更高要求，他强调，"全面从严治党永远在路上"，"全党要清醒认识到，我们党面临的执政环境是复杂的，影响党的先进性、弱化党的纯洁性的因素也是复杂的，党内存在的思想不纯、组织不纯、作风不纯等突出问题尚未得到根本解决。要深刻认识党面临的执政考验、改革开放考验、市场经济考验、外部环境考验的长期性和复杂性，深刻认识党面临的精神懈怠危险、能力不足危险、脱离群众危险、消极腐败危险的尖锐性和严峻性，坚持问题导向，保持战略定力，推动全面从严治党向纵深发展"。② 在十九届中纪委三次全会上，习近平总书记要求，"要以新时代中国特色社会主义思想为指导，增强'四个意识'、坚定'四个自信'、做到'两个维护'，以党的政治建设为统领全面推进党的建设，取得全面从严治党更大战略性成果，巩固发展反腐败斗争压倒性胜利"③。这些重要论述既表明了党风廉政建设和反腐败斗争的持续性，又表

---

① 中共中央纪律检查委员会，中共中央文献研究室．习近平关于党风廉政建设和反腐败斗争论述摘编［M］．北京：中央文献出版社，中国方正出版社，2015：97.

② 习近平．决胜全面建成小康社会 夺取新时代中国特色社会主义伟大胜利——在中国共产党第十九次全国代表大会上的报告［R/OL］．新华网，2017 - 10 - 27.

③ 习近平．取得全面从严治党更大战略性成果 巩固发展反腐败斗争压倒性胜利［N］．人民日报，2017 - 01 - 12（1）.

明了反腐倡廉要上升到党的政治建设的高度。

在推进全面从严治党的伟大实践中，习近平总书记对党风廉政建设和反腐败斗争进行了系统论述，形成科学完善的新时代中国特色社会主义反腐倡廉理论体系。习近平的反腐倡廉重要论述主要包括政治建设、思想建设、作风建设、组织建设、制度建设、法治建设、纪律建设、监督体系建设等。

在政治建设方面，习近平总书记认为党的政治建设是党的根本性建设，决定党的建设方向和效果。"马克思主义政党具有崇高政治理想、高尚政治追求、纯洁政治品质、严明政治纪律。"① 习近平总书记明确指出"腐败问题与政治问题往往是相伴而生的"②。加强党的政治建设是全面从严治党的必然要求。在党的十九大报告中，习近平总书记对党的政治建设作出了具体部署，在十九届中央政治局第六次集体学习时，他再次强调，要把准政治方向，坚持党的政治领导，夯实政治根基，涵养政治生态，防范政治风险，永葆政治本色，提高政治能力。只有加强党的政治建设，才能确保党的先进性和纯洁性。习近平总书记关于党的政治建设的重要论述，为新时代反腐倡廉指明了方向、提供了遵循。

在思想建设方面，习近平总书记强调"要把坚定理想信念作为

---

① 习近平. 增强推进党的政治建设的自觉性和坚定性 [J]. 求是, 2019 (14).
② 中共中央纪律检查委员会, 中共中央文献研究室. 习近平关于党风廉政建设和反腐败斗争论述摘编 [M]. 北京: 中央文献出版社, 中国方正出版社, 2015: 50.

党的思想建设的首要任务"①。只有坚定的理想信念，才能筑牢拒腐防变的思想道德防线。他指出："理想信念是共产党人精神上的'钙'，理想信念坚定，骨头就硬，没有理想信念，或理想信念不坚定，精神上就会'缺钙'，就会得'软骨病'。"② 习近平总书记认为，"四风"问题归根结底是理想信念出现动摇所致。"新干部、年轻干部尤其要抓好理论学习，通过坚持不懈地学习，学会运用马克思主义立场、观点、方法观察和解决问题，坚定理想信念。"③ 习近平总书记要求："坚持用新时代中国特色社会主义思想武装头脑，经常对表对标，及时校准偏差。"④ 通过加强思想建设，不断提升党员干部的政治境界、思想境界和道德境界，才能构筑起"不想腐"的思想根基。

在作风建设方面，习近平总书记认为作风建设关系人心向背，关系党的执政基础。他强调要深入贯彻落实中央八项规定精神，坚持不懈纠正"四风"。他明确警示："如果管党不力、治党不严，人民群众反映强烈的党内突出问题得不到解决，那我们党迟早会失去执政资格，不可避免被历史淘汰。"⑤ 为解决"四风"问题，习近平

① 习近平. 决胜全面建成小康社会 夺取新时代中国特色社会主义伟大胜利——在中国共产党第十九次全国代表大会上的报告［R/OL］. 新华网，2017 – 10 – 27.
② 习近平. 谈治国理政［M］. 北京：外文出版社，2014：15.
③ 习近平. 胸怀大局把握大势着眼大事 努力把宣传思想工作做得更好［EB/OL］. 人民网，2013 – 08 – 21.
④ 习近平. 取得全面从严治党更大战略性成果 巩固发展反腐败斗争压倒性胜利［N］. 人民日报，2017 – 01 – 12（1）.
⑤ 中共中央宣传部. 习近平总书记系列重要讲话读本［M］. 北京：学习出版社，人民出版社，2016：157.

总书记强调："作风问题本质上是党性问题。抓作风建设，就要返璞归真、固本培元，重点突出坚定理想信念、践行根本宗旨、加强道德修养。"① 要坚持"以上率下""标本兼治"。针对作风问题的顽固性和反复性，习近平总书记指出，"作风建设永远在路上，永远没有休止符，必须抓常、抓细、抓长"②。把作风建设作为永恒的课题，推动作风建设常态化。在十九届中纪委三次全会上，习近平总书记要求："要把刹住'四风'作为巩固党心民心的重要途径，对享乐主义、奢靡之风等歪风陋习要露头就打，对'四风'隐形变异新动向要时刻防范。"③

在组织建设方面，习近平总书记指出，"建立健全惩治和预防腐败体系是国家战略和顶层设计""打铁必须自身硬"④，他强调要落实党委的主体责任和纪委监委的监督责任，强化政治担当、敢于亮剑。要求各级党委要旗帜鲜明地反对腐败，更加科学有效地防治腐败。习近平总书记在党的十九大报告中明确提出："深化国家监察体制改革，将试点工作在全国推开，组建国家、省、市、县监察委员会，同党的纪律检查机关合署办公，实现对所有行使公权力的公职

---

① 中共中央纪律检查委员会，中共中央文献研究室. 习近平关于党风廉政建设和反腐败斗争论述摘编［M］. 北京：中央文献出版社，中国方正出版社，2015：144.
② 习近平. 在党的群众路线教育实践活动总结大会上的讲话［EB/OL］. 新华网，2014－10－08.
③ 习近平. 取得全面从严治党更大战略性成果 巩固发展反腐败斗争压倒性胜利［N］. 人民日报，2017－01－12（1）.
④ 中共中央纪律检查委员会，中共中央文献研究室. 习近平关于党风廉政建设和反腐败斗争论述摘编［M］. 北京：中央文献出版社，中国方正出版社，2015：58.

人员监察全覆盖。"① 国家监察体制改革是习近平新时代反腐倡廉重要论述的创新实践，是建立中国特色监察体系的创制之举。为防止"灯下黑"，习近平总书记对纪检监察机关提出了具体要求，通过优化纪检监察组织机构和打造"忠诚、干净、担当"的纪检监察铁军，为高质量推进党风廉政建设和反腐败斗争提供坚强的组织保障。

在制度建设方面，习近平总书记充分肯定反腐的制度作用，早在福建工作时期，他就提出"建立一整套系统、全面的制度以制约和监督权力的使用，这是杜绝腐败的根本性措施"②。习近平总书记认为，制度问题更带有根本性、全局性、稳定性和长期性。如何靠制度更有效地防治腐败，是我们面临的重大课题。习近平总书记强调指出："要坚持用制度管权管事管人，抓紧形成不想腐、不能腐、不敢腐的有效机制，让人民监督权力，让权力在阳光下运行，把权力关进制度的笼子里。"③ 为推动制度落实，习近平总书记明确要求"要狠抓制度执行，扎牢制度篱笆，真正让铁规发力、让禁令生威。"④ 推动制度创新，用制度管党治权，让反腐制度建设进入科学化、法治化轨道，是习近平新时代反腐倡廉重要论述的重要内容。党的十八大以来，《中国共产党廉洁自律准则》《中国共产党纪律处

---

① 习近平. 决胜全面建成小康社会 夺取新时代中国特色社会主义伟大胜利——在中国共产党第十九次全国代表大会上的报告［R/OL］. 新华网，2017 - 10 - 27.
② 习近平. 摆脱贫困［M］. 福州：福建人民出版社，1992.
③ 中共中央纪律检查委员会，中共中央文献研究室. 习近平关于党风廉政建设和反腐败斗争论述摘编［M］. 北京：中央文献出版社，中国方正出版社，2015：130.
④ 中共中央纪律检查委员会，中共中央文献研究室. 习近平关于党风廉政建设和反腐败斗争论述摘编［M］. 北京：中央文献出版社，中国方正出版社，2015：127.

分条例》《中国共产党问责条例》等系列制度文件相继出台并得以有效执行。

在法治建设方面，习近平总书记强调反腐要坚持法治理念。推动反腐的法治化、规范化、程序化，确保反腐的合法性、确定性和持续性。他明确要求："要善于用法治思维和法治方式反对腐败，加强反腐败国家立法，加强反腐倡廉党内法规制度建设，让法律制度刚性运行。"① 十八届四中全会通过《中共中央关于全面推进依法治国若干重大问题的决定》，勾勒出法治反腐的蓝图，标志着法治反腐正式拉开序幕。党的十八大以来，党中央始终坚持在反腐过程中贯彻法治精神，不搞特权变通、严格依法反腐、加强人权保障，努力完善反腐立法、改进反腐司法，走中国特色反腐倡廉道路。

在纪律建设方面，习近平总书记强调全面从严治党必须严明党的纪律。纪律严明是党的光荣传统和独特优势。他指出："党要管党、从严治党，靠什么管，凭什么治？就要靠严明纪律。"② "严明党的纪律，首要的就是严明党的政治纪律。"③ 遵守党的政治纪律和政治规矩，是每位党员的政治责任。习近平总书记提出警示："如果管党不力、治党不严，纪律松弛、组织涣散，正气上不来、邪气压不住，人民群众反映强烈的党内突出问题得不到及时有效解决，那

---

① 中共中央纪律检查委员会，中共中央文献研究室．习近平关于党风廉政建设和反腐败斗争论述摘编［M］．北京：中央文献出版社，中国方正出版社，2015：121.
② 中共中央纪律检查委员会，中共中央文献研究室．习近平关于党风廉政建设和反腐败斗争论述摘编［M］．北京：中央文献出版社，中国方正出版社，2015：37.
③ 中共中央纪律检查委员会，中共中央文献研究室．习近平关于党风廉政建设和反腐败斗争论述摘编［M］．北京：中央文献出版社，中国方正出版社，2015：30.

么我们党迟早会出大问题。"① 习近平总书记在党的十九大报告中明确要求："重点强化政治纪律和组织纪律，带动廉洁纪律、群众纪律、工作纪律、生活纪律严起来。"② 纪律是行为准则，是刚性约束。他强调"执行党的纪律不能有任何含糊，不能让党纪党规成为'纸老虎''稻草人'，造成'破窗效应'，凡是违反党章和党的纪律特别是政治纪律、组织纪律、财经纪律的行为，都不能放过，更不能放纵。"③

在监督体系建设方面，习近平总书记认为增强党自我净化能力，根本靠强化党的自我监督和群众监督。为健全党和国家监督体系，在党的十九大报告中，习近平总书记明确要求："强化自上而下的组织监督，改进自下而上的民主监督，发挥同级相互监督作用，加强对党员领导干部的日常管理监督。"④ 通过深化政治巡视，建立巡视巡察上下联动的监督网；通过深化国家监察体制改革，实现对所有行使公权力的公职人员监察全覆盖；通过改革审计管理体制和完善统计体制，发挥审计监督和统计监督作用。习近平总书记提出："构建党统一指挥、全面覆盖、权威高效的监督体系，把党内监督同国

---

① 中共中央纪律检查委员会，中共中央文献研究室.习近平关于党风廉政建设和反腐败斗争论述摘编 [M].北京：中央文献出版社，中国方正出版社，2015：34.
② 习近平：决胜全面建成小康社会 夺取新时代中国特色社会主义伟大胜利——在中国共产党第十九次全国代表大会上的报告 [R/OL].新华网，2017 – 10 – 27.
③ 中共中央纪律检查委员会，中共中央文献研究室.习近平关于党风廉政建设和反腐败斗争论述摘编 [M].北京：中央文献出版社，中国方正出版社，2015：44.
④ 习近平：决胜全面建成小康社会 夺取新时代中国特色社会主义伟大胜利——在中国共产党第十九次全国代表大会上的报告 [R/OL].新华网，2017 – 10 – 27.

家机关监督、民主监督、司法监督、群众监督、舆论监督贯通起来，增强监督合力。"① 让权力在阳光下运行。

随着中国特色社会主义进入新时代，我国社会的主要矛盾已经发生了根本性转化，面临的国际环境也更加复杂多变，但我们坚信，在习近平新时代中国特色社会主义思想指导下，在全国各族人民的共同努力下，中国必将迎来海晏河清、朗朗乾坤，"两个一百年"的奋斗目标和中华民族伟大复兴的中国梦必将如期实现。

从马克思、恩格斯提出廉政建设的科学构想，到中国化的马克思主义廉政建设理论与实践来看，无不强调加强廉政教育的重要性，马克思主义经典作家和政治家的廉政建设思想，为新时代大学生廉洁教育提供了深厚的理论支撑。

## 第二节　中国传统廉洁文化

中国传统廉洁文化是中国优秀传统文化的重要组成部分，在习近平总书记对反腐倡廉建设的重要论述中，经常引经据典，充分展现中国的文化自信和文化自觉，其"经"和"典"，就是中国传统廉洁文化的代表。中国传统廉洁文化源远流长，形塑了中华民族的廉洁气质。中国传统廉洁文化对新时代大学生廉洁教育具有重要的

---

① 习近平. 决胜全面建成小康社会 夺取新时代中国特色社会主义伟大胜利——在中国共产党第十九次全国代表大会上的报告［R/OL］. 新华网，2017－10－27.

借鉴意义。

## 一、中国传统廉洁文化的发展

### （一）先秦时期的廉洁文化

原始社会晚期，部落首领的职位禅让，明确以贤能为先，贤能要求"为民父母"，孕育了公仆意识。奴隶制时期，开始践行"重民用德、罚罪赏善"的廉政观念，建立起惩治官吏腐败的相关制度。西周时期，吕尚辅政，积极倡导廉洁为政，主张"厚禄养廉"，开启了我国廉政建设的帷幕。《周礼》以"六廉"考核官吏，即"廉善、廉能、廉敬、廉正、廉法、廉辨"。《吕刑》以"五过之疵"定罪腐败，即"惟官、惟反、惟内、惟货、惟来"。春秋战国时期，诸子百家争鸣，各派阐发廉政主张，促成了比较完整的廉政伦理体系，廉洁文化成为当时的主流文化。管仲主张把"廉"和"礼、义、耻"共同列为国之"四维"；老子主张"为无为，则无不治"，奉行怀柔反腐策略；孔子倡导修身齐家治国，主张行"仁政"施"德治"；孟子主张"民为贵，社稷次之，君为轻"（《孟子》）；墨子主张以法治为廉政之本；韩非子主张反腐倡廉事关国运。诸子百家的廉政理论观点和政治主张，构成中国传统廉洁文化的思想基础。

### （二）秦汉时期的廉洁文化

秦汉时期是中国传统廉洁文化发展的重要阶段，秦汉统治者秉承了韩非子的"明主治吏不治民"思想，强调"吏不廉平则治道衰"，以"重典治吏、严惩贪腐"为廉政建设的重点，在官吏的选拔任用、监察考核、职务升迁等各个环节中都以"廉洁"作为重要指标,秦朝有规定,"凡为吏之道,必情节正直,廉而勿刖"(《秦简·为吏之道》),并创始官吏监察体制,对腐败行为加以严惩。汉代在贾谊、董仲舒"以德治国"思想的影响下,大力倡导廉洁从政、奉廉守节,皇帝"示天下以俭"(《汉书·董仲舒传》),并选任以廉,推行"察举征召制",将孝廉科作为选官首考。汉承秦制,建立起专职的监察机构,负责肃贪倡廉,由此开创了政治清明、世风纯朴的"文景之治"。秦汉对廉洁文化的贡献,就是把诸子百家的廉洁理论形态上升为统治阶级的意识形态,并进行了实践探索。

(三)隋唐时期的廉洁文化

历经魏晋南北朝频繁的政权更迭后,到了隋唐,中国进入封建社会发展的鼎盛阶段,廉洁文化也因此空前繁荣。"戒奢尚俭,关乎国运",把是否节俭提升到关乎国家兴亡的高度。唐太宗崇尚勤俭建国,强调"且为主贪,必丧其国;为臣贪,必亡其身"(《贞观政要·奢纵》)。在执政理念上以民为先,"为君之道,必须先存百姓,若损百姓以奉其身,犹割股以啖腹,腹饱而身毙"(《贞观政要·君道》);在官吏选拔任用上,确立了科举制度,公开考核、任职回避;在反腐体制机制上,建立健全御史监察制度,对百官进行全面监督,纠举弹劾贪腐行为;在反腐立法上,出台《唐律》以重典反腐、惩贪肃贿。从某种意义上说,完整的廉政建设体系是催生"贞观盛世"的重要条件。

（四）宋明清初时期的廉洁文化

宋、元、明及清初时期，中国的传统廉洁文化建设并无多大创新。宋代理学家朱熹以"内圣外王"为核心建构了自己的伦理政治思想，其中包含着较为丰富的廉洁内容，"人欲者，此心之疾，循之则其心私而且邪"（《朱熹集·卷十三》），意在通过"存天理"以"灭人欲"，进而"防贪腐"。"临财不苟得，所谓介廉；安贫乐道，所谓恬退；择言顾行，所谓践履；行己有耻，所谓名节"（《朱熹集·卷十三》），强调以"重廉介，恶贪官"和"行教化、养廉德"为廉政建设的基本手段。明皇朱元璋把勤政爱民、崇廉抑奢作为治国纲领，大力推行廉政建设，认为"唯俭养德，唯奢荡心"，通过荐举、学校和科举等多种途径选拔官员，选官以廉德为本，强调"唯中正之士，秉公正之心，励廉洁之操，临民治政"（《明太祖实录》），并以酷刑峻法、重绳贪吏，在《明律·职制律》特辟《受赃》篇，严格规定贪赃枉法的犯罪行为及其刑事责任。清初的康熙大力推行清廉政策。在作风方面，强调"尚俭去奢，以俭养廉"（《清朝文选通考·卷五十九》），把节俭作为国家治理的基本准则；在治吏方面，以廉洁为要，通过惩贪奖廉、面谕训导等方式培养官员的廉洁意识；在官员考核方面，以"四格""八法"为标准，而廉洁就是考核的重要指标。

除了官方廉政建设孕育出廉洁文化以外，在我国宏阔的民俗文化体系中，同样有着丰富的廉洁文化内容。以乡规民约、行业规范、家风家训、民间文艺等形式来教化人们，起着塑造人格、熏陶环境、建构文化的作用，使人们在精神激励、思想启迪、艺术享受、言行鞭策中，学会如何修养人格、廉洁奉公、廉洁作为。"总而观之，人格修养、尚俭抑奢和廉政制度是中国传统廉洁文化的主要内容，'礼乐刑政，综合为治'是中国传统廉政建设的显著特点。"①

## 第三节　国外的廉洁思想

反腐倡廉是古今中外永恒的话题。国外的很多政治思想家也对反腐倡廉进行了深入的理论探索。虽然他们所处的时代和服务的国家和我们不同，但他们有益的廉洁思想和反对腐败的共识是值得我们借鉴的。在借鉴的过程中，我们应当坚持取其精华、弃其糟粕的原则，而不能完全"拿来"，要结合中国的具体实际，结合新时代大学生廉洁教育的实际。

（一）国外古代的廉洁思想

国外古代的廉洁思想源自古希腊的政治思想。苏格拉底是古希腊著名的政治家，他认为道德是政治的基础，特别强调美德对政治生活的重要性，认为政治必须遵循高尚的道德，因为政治"是最高贵的才能，是最高贵的才艺"②，只有公正的人才能掌握这种才艺。基于道德原则，苏格拉底对当时的腐败政治进行尖锐的批评，揭露

---

① 侯帅. 大学生廉洁意识教育研究［D］. 南京：南京师范大学，2017.
② 徐大同. 西方政治思想史［M］. 天津：天津教育出版社，2000：27.

和抨击雅典民主制的败坏风气，讽刺道德堕落和滥用权力的官吏，主张贤人政治和专家政治，因此被当政者处死。他提出的道德对于保持政治正义的重要性的思想，对后人的政治评价产生了深远影响。根据他的思想，任何违反道德准则的权力行为都是不正当的，践踏道德准则必然产生腐败，应受到抵制。

柏拉图作为苏格拉底的学生，在继承苏格拉底道德政治的基础上，运用政治哲学原理分析当时的政治现实，更具有创新性。他认为现实生活中的政体共分为荣誉政体、寡头政体、平民政体和僭主政体四种，分别代表荣誉、财富、自由和专制，政体不同，公共权力职位的分配就不同，权力的运作、政治生活的面貌和结果也不同。关于如何选择符合正义、道德、公益的政体，他在坚持贤人政治是最理想的政治的前提下，认为民主制是最好的政体。他提出"法律应置于国家一切官吏和公民之上，一切国家的活动都要依法进行"①。在柏拉图看来，对执政者严格要求的根本目的就是防止他们腐化变质。

亚里士多德是古希腊百科全书式的思想家，他的政治研究造诣深厚，独创了完整的政治学体系。亚里士多德认为"城邦的含义就是为了要维持自给生活而具有足够人数的公民集团"②。城邦政体应是公共利益至上，不允许有特权存在才是正宗政体。根据希腊城邦国家的情况，他把正宗政体分为三个类型："君主政体、贵族政体和

---

① 徐大同. 西方政治思想史［M］. 天津：天津教育出版社，2000：36.
② 亚里士多德. 政治学［M］. 吴寿彭，译：北京：商务印书馆，1981：109.

共和政体。"① 在他眼中，衡量政体是否优良，就是看它是否有防止和纠正腐败的功能。他提出制约腐败的策略："一是掌握权力的人必须严格自律，谨慎用权；二是遵守民主平等原则，执政官员任期不宜过长；三是反对特权；四是依靠制度的作用，预防和制止贪污腐败。"② 这些策略具有重要的现实意义。

（二）国外近代的廉洁思想

随着文艺复兴运动的兴起，国外近代的廉洁思想也得以迅速发展，并涌现出众多研究腐败的政治思想家。洛克（Locke J.）是 17 世纪英国著名的政治思想家。在《政府论》中，他针对君主专制和个人独裁导致的腐败问题，提出了分权学说，把国家的职能权力分为立法权、行政权和对外权三种，并进行了系统论述。"社会始终保留着一种最高权力，以保卫自己不受任何团体，即使是他们的立法者们的供给和谋算。"③ 洛克认为，政府权力如果不加以限制就会蜕变为专制，必然会危害到人民的生命和财产，强调政府权力来自于人民的委托，权力执掌者要接受人民的监督和评判，要保护人民的财产和自由，体现人民的意志，否则就会被推翻。

卢梭是 18 世纪法国著名启蒙的思想家。针对主权在君学说，提出了人民主权学说，强调主权属于全体人民，统治权为人民利益而

---

① 亚里士多德. 政治学 [M]. 吴寿彭，译. 北京：商务印书馆，1981：203.
② 宋振国，刘长敏. 各国廉政建设比较研究 [M]. 北京：知识产权出版社，2013：133 - 134.
③ 洛克. 政府论：下篇 [M]. 瞿菊农，叶启芳，译. 北京：商务印书馆，1981：92.

发生作用。卢梭还提出了"公意"概念，认为"公意"是代表全体人民的共同利益和愿望，"惟有公意才能够按照国家创制的目的，即公共幸福，来指导国家的各种力量"①，强调在人民主权之下，国家权力必须以公意作为自己行使的依据，任何官吏都没有任何法外特权。

孟德斯鸠是法国杰出的政治思想家。在他的代表作《论法的精神》中，孟德斯鸠专门提出了腐化问题，认为各种政体的腐化几乎总是由原则的腐化开始的。为防止权力的过度膨胀和失控，他主张实行三权分立的政体制度，即立法权、行政权和司法权，认为"一切有权力的人都容易滥用权力，这是万古不易的一条经验……要防止滥用权力，就必须以权力约束权力"②，强调通过权力的互相制衡，保护公民自由和社会稳定。

汉密尔顿（Hamilton A. ）是美国著名的政治思想家。他认为共和制下的分权制衡是规范国家权力运行的最佳基本框架。"毫无疑问，依靠人民是对政府的主要控制，但是经验教导人们，必须有辅助性的预防措施。"③ 为此，汉密尔顿等人对美国的政体进行了周密设计，"对于立法、行政、司法三种国家职能权力如何运行，各个机构的设立以及相互之间应如何影响和牵制，都从权力行使的正当性、

---

① 卢梭. 社会契约论［M］. 何兆武，译. 北京：商务印书馆，1982：35.
② 孟德斯鸠. 论法的精神：上卷［M］. 张雁深，译. 北京：商务印书馆，1961：154.
③ 汉密尔顿，杰伊，麦迪逊. 联邦党人文集［M］. 程逢如，在汉，舒逊，译. 北京：商务印书馆，1980：264.

效率、可控制性等方面作了论证"①。汉密尔顿等人的主张，很多内容成为美国政治制度的原则，对美国的政治生活产生了深远影响。

马基雅维利（Machiavelli N.）在他的《论李维》《君主论》等著作中，对腐败进行了界定和区分，认为"腐败的类型分为公民、城邦和政治制度等"②。他还对腐败的根源进行了深入分析，认为人本身具有腐败的可能性，"不管他们多么善良，或有多好的教养，人们是多么易于腐化变质，使自身表现相反的性情，成为专制统治的帮凶"③。对于反腐败的制度建设问题，马基雅维利认为"道德的重要性在于对制度不完善的弥补"④。因此，他被称为"近代以来系统研究腐败现象的第一人"⑤，为后世研究腐败问题提供了重要的理论依据。

（三）国外现代的廉洁思想

第二次世界大战以后，人类社会进入发展新阶段，各国的政治改革和经济建设都面临转型，腐败问题成为最大的困扰，时代呼唤廉政理论提供支撑，西方政治思想家开始了新的理论探索。亨廷顿（Huntington S. P.）是美国当代著名的政治学家，他在 1968 年出版

---

① 宋振国，刘长敏. 各国廉政建设比较研究 [M]. 北京：知识产权出版社，2013：143.
② 尼科洛·马基雅维利. 君主论 [M]. 潘汉典，译. 北京：商务印书馆，1989：99.
③ 尼科洛·马基雅维利. 论李维 [M]. 冯克利，译. 上海：上海世纪出版集团，2005：158.
④ 尼科洛·马基雅维利. 论李维 [M]. 冯克利，译. 上海：上海世纪出版集团，2005：96.
⑤ 昆廷·斯金纳. 现代政治思想的基础 [M]. 段胜武，译. 北京：求实出版社，1989：173.

的《变革社会中的政治秩序》中，专门论述了现代化与腐败之间的关系。亨廷顿认为，现代社会的腐败问题主要是政治权力与财富的交换。他分析了现代化社会产生腐败问题的三个原因："一是现代化涉及社会基本价值观的转变；二是现代化开辟了新的财富和权力来源；三是现代化通过它在政治体制输出方面所造成的变革来加剧腐化。"① 因此，只有加强政党自身建设，发挥政党的功能和作用，才能压缩腐败的生存空间。

海登海默（Heidenheimer A. J.）运用政治学对腐败问题进行了综合分析，他认为以公共职位为中心对腐败进行界定比较准确，同时指出了腐败概念在内涵和外延上的宽泛性。他从公众对腐败的宽容程度出发，将腐败细化为"黑色腐败、灰色腐败和白色腐败"或"微小腐败、常见腐败和严重腐败"② 三个层次。海登海默的理论为我们了解腐败的不同层次、公众的反应程度提供了帮助，但如此分类还不足于说明社会的腐败程度。

博伦斯（Bollens J. C.）和施曼特（Schmandt H. J.）是美国的政治研究学者，他们合作推出的代表作《美国政治腐败——权力·金钱·美女》，对腐败和反腐败进行了系统论述。在腐败问题根源方面，他们认为政府刚刚产生，腐败就随之出现，这是古老的政治现象。通过实证研究，两位学者认为，现代官员出现腐败行为的直接

---

① 宋振国，刘长敏. 各国廉政建设比较研究［M］. 北京：知识产权出版社，2013：143.

② 阿诺德·J. 海登海默. 政治腐败：比较分析选读［M］//王沪宁. 腐败与反腐败——当代国外腐败问题研究. 上海：上海人民出版社，40－42.

动因是对财富的渴望和追求，"政府官员们对超出其财力的生活方式和社会享受追求愈强烈，则他们愈倾向于用违法行为来满足其奢望。"① 两位学者把腐败问题根源归结为制度的缺陷，强调要通过制度建设来抑制和防止腐败发生，包括公众对公职人员的监督也应该制度化。

胡格韦尔特用社会发展理论对腐败现象进行分析。1976 年出版的著作《发展中社会的社会学》，用很大篇幅对发展中国家的腐败问题进行了论述。对于发展中国家的腐败特征，他认为首先在贪污受贿的规模上具有广泛性，其次是贪污受贿为某些团体的非政治影响形式，最后是广大公众的文化水平低下纵容了公职人员的为非作歹。对于发展中国家产生腐败的原因问题，胡格韦尔特认为："首先，由于新的法律与民众态度之间的冲突，因此对特权和服务的渴望也来自于下层民众，他们成为行为的主体；其次，以权贵为基础的政治集团结构促进了贪污贿赂；第三，发展中国家的社会演变为腐败提供了机遇。"② 他的理论为我们研究发展中国家的腐败问题提供了新的视角。

阿克顿勋爵（Lord Acton）是 19 世纪英国著名的历史学家和政治思想家，被公认是 19 世纪最博学多闻的西方学者，堪称英国的世界性人物。在其经典之作《自由与权力》中有句名言："权力导致

---

① 约翰·C. 博伦斯，亨利·J. 施曼特. 美国政治腐败——权力·金钱·美女 ［M］. 吴瑕，等，译. 杭州：浙江人民出版社，1992：6－7.
② 宋振国，刘长敏. 各国廉政建设比较研究 ［M］. 北京：知识产权出版社，2013：153－154.

腐败，绝对的权力导致绝对的腐败。"① 这成为全世界臧否政治人物的最好箴言，至今仍震耳发聩，时刻警醒着人们要约束权力、控制权力和监督权力，把权力关进制度的笼子，防止权力被滥用，让权力在阳光下运行。

　　总之，西方国家虽然建立了资本主义制度，但并没有人们想象得那样充满美德和清廉，只是比封建社会有了更大的进步，权力腐败依然是难治的政治顽症。马克思和恩格斯对资本主义制度进行了深入分析，认为资本主义制度自身具有不可克服的弊病，只有更高级的社会形态——共产主义社会才能消灭腐败现象。

---

① 阿克顿. 自由与权力 [M]. 侯建，范亚峰，译. 南京：译林出版社，2011：294.

第三章

# 新时代大学生廉洁教育的内涵和发展

## 第一节　大学生廉洁教育的内涵解读

### 一、廉洁

廉洁，最早出现在战国时期伟大诗人屈原的《楚辞·招魂》中："朕幼清以廉洁兮，身服义尔未沫"，意思是我年幼时秉赋清廉啊，我佩服你们不昧。东汉著名学者王逸在《楚辞·章句》中注释说："不受曰廉，不污曰洁"，即不接受他人馈赠的钱财礼物，不让自己清白的人品受到玷污，就是廉洁。《辞源》对廉洁的解释是"公正，不贪污"，《辞海》对廉洁的解释是"清廉，清白"。

在英语世界中，"廉洁"英译为 Integrity、Purity，其中，Integrity 是正直、诚实、廉正的意思；Purity 是纯洁、纯净、纯粹的意思。可见，不管是在汉语还是英语表述中，廉洁的意思基本相同，都是清白高洁、不贪污、不受贿的意思。从字面上来理解，廉就是清廉，就是不贪取不应得的钱财；洁就是洁白，指做人要光明磊落。也就是说，我们要清清白白做人，干干净净做事。

我国历代贤君和思想家、政治家在长期执政或者辅佐君王的过程中，为了巩固统治阶级政权，积极探索廉洁的相关问题，提出了很多廉洁思想主张，也实施了众多反腐倡廉的举措。其廉洁思想源远流长、博大精深，蕴涵着丰富的道德价值和伦理精神，是中国古代政治文明的集中体现，也是中华民族的传统美德，成为中国优秀传统文化的重要组成部分，需要我们深入研究和大力弘扬。

**二、廉洁教育**

顾名思义，廉洁教育就是教育者根据国家要求和社会需要对受教育者有目的、有计划、有组织地进行思想教育、道德教育、法纪教育等社会实践活动。对个体而言，通过接受廉洁教育，形成系统的廉洁素养，并通过廉洁实践获得廉洁能力；对社会而言，通过廉洁教育把统治阶级的廉洁主张、廉洁价值观传授给社会成员，形成正确的廉洁思想和廉洁价值取向，以确保政治稳定、社会清明。

从教育对象来划分，有公职人员的廉政教育、学生的廉洁教育和普通公民的廉洁教育。我国对公职人员的廉政教育由来已久，2005 年，中共中央出台的《建立健全教育、制度、监督并重的惩治和预防腐败体系实施纲要》明确提出，要加强反腐倡廉教育，筑牢拒腐防变的思想道德防线，并从教育对象、教育内容、教育方法等方面提出了具体要求。对于学生的廉洁教育，2007 年，教育部专门出台了《关于在大中小学全面开展廉洁教育的意见》，明确了在大中小学全面开展廉洁教育的总体要求、方法途径、领导体制、工作机制等方面的具体内容。而对于普通公民的廉洁教育，我国目前尚无专门的文件出台，但也包含于《关于培育和践行社会主义核心价值观的意见》当中。可以说，我国已建立起较为完善的全民化廉洁教育体系，为建设"廉洁中国"奠定了良好的基础。

### 三、大学生廉洁教育

大学生廉洁教育，是指高校根据国家要求和社会需要对大学生进行有目的、有计划、有组织的思想理论教育、道德教育、法制教育、纪律教育等，旨在培养大学生树立廉洁意识、具备廉洁精神、增强拒腐防变能力等，让清正廉洁成为大学生的理想信念和价值追求，成长为守纪律、讲规矩、谈奋斗的新时代青年。开展廉洁教育，就是给大学生打"防腐疫苗"，使他们走上工作岗位以后，真正成为崇尚廉洁、践行廉洁、拒绝腐败，并敢于同腐败行为作斗争的社会主义合格建设者和可靠接班人。

当前，高校大学生廉洁教育还存在诸多问题。一是对廉洁教育认识片面。认为廉洁教育已经融入到思想政治教育当中，开展的思想政治教育已经包含了廉洁教育，没必要实施专门的廉洁教育，导致廉洁教育的内容被淡化、主题不突出、特点不鲜明。特别是在大学生就业重压之下，很多高校正前所未有地关注就业，结果是就业这边轰轰烈烈，而廉洁教育那边冷冷清清。有的甚至为了提高就业率不惜造假，给学生做了不良示范，严重冲击了廉洁教育，廉洁教育的效果不尽人意。二是对廉洁教育缺乏规划。正是对廉洁教育的片面认识，导致对大学生的廉洁教育规划不足，没有结合大学生的生理、心理特点和认识水平，制定切实可行的廉洁教育规划，具有明显的随意性，如没有形成稳定的廉洁教育体制机制、没有安排专项的廉洁教育经费、没有建立系统的廉洁教育课程等，导致大学生接受的廉洁教育不系统、不全面、不深入。三是对廉洁教育的评价不够科学。现有对廉洁教育的评价，大多是通过"两课"的课程考试考核来进行评价和判断，有的根本就没有专门的廉洁教育评价指标体系，难以测评到大学生对廉洁知识的掌握程度、廉洁意识的强弱、廉洁精神的有无以及廉洁行为的大小，这应引起高校的重新审视。

廉洁教育既不是中国特色，也不是中国专利，世界各国都非常重视大学生的廉洁教育，比如，哥伦比亚推行的"椅子"计划，就是针对只关注大学生的职业技能训练而忽视社会责任培养的廉洁教育项目；赞比亚的"青年良治"就是针对未来的领导者实施的廉洁教育项目，该项目主要针对高中生和大学生；新加坡注重以思想政治课堂教育培养大学生的廉洁意识，以校园文化建设熏陶大学生的廉洁信念，以校外社会廉洁实践氛围增进大学生的廉政信仰等。从世界各国来看，对大学生的廉洁教育具有普遍性和针对性。

在我国，大学生廉洁教育是思想政治教育的重要组成部分，既和思想政治教育有着内在的耦合性，又有其自身的独特性。因此，如何在思想政治教育中突出廉洁教育地位、发挥廉洁教育作用、提高廉洁教育的针对性和实效性，使大学生不断增强廉洁自律意识、形成正确的廉洁价值观和不断提高拒腐防变能力，是新时代高校必须面对的时代课题。

## 第二节　大学生廉洁教育的主要特征

### 一、大学生廉洁教育具有现实性

从宏观的层面来看，世界正处在"百年未有之大变局"中，面临着复杂多变的政治、经济、文化等方面的形势，人们的认知边界、思维模式、价值选择、行为方式等都在不断地被冲击和刷新着。大学生也无法独善其身。从中观的层面来看，我国正处在经济社会的转型升级阶段，随着市场经济的发展，各种利益关系在激烈的市场竞争中不断地分化、重组，物质至上原则使个人利益受到空前的重视和肯定，货币作为财富的象征在社会生活的各个方面体现得淋漓尽致，尤其是"拜金主义"的盛行，当大学生以消费者身份参与到经济活动当中时，必然受到这些不良因素的侵袭，容易使大学生把金钱作为衡量成败的标准，影响他们对金钱和个人物质利益的认识。从微观的层面来看，新时代的大学生个性更加张扬、视野更加开阔、思维更加活跃，他们富有激情和正义感，对社会的理想化建设期望度高，但由于思想单纯、社会经验不足，容易受到社会各种不良现象和不正之风的影响。同时，在就业创业、生存发展、贫富差距等各方面的困扰之下，大学生也会面临着更多的价值风险。内外多重因素的交叉影响，使得正处于"三观"形塑阶段的大学生不知所措、左右为难，导致部分大学生把"精致的利己主义"作为处事原则，甚至作出违背清正廉洁的行为。

当然，我们不能否认大学生的主流思想是好的，但也不能回避存在的现实问题：一是大学生对廉洁教育的认识不足。调查发现，有的大学生认为自己没有腐败的条件和机会，对廉洁教育持怀疑态度；有的认为廉洁教育是为了响应中央精神的"应景式"教育，是"形式主义"；甚至有个别学生认为开展廉洁教育是"大人生病、小孩吃药"。这就是导致参与率低、教育效果不佳的思想根源。二是大学生的不廉洁行为时有发生。如在考试中作弊、为了奖助学金作假、在学生干部竞选中"走关系"等。再如新闻媒体报道的某校学生会把学生干部定为享受部级、副部级待遇；某校学生组织要求新生对学生干部必须称呼其职务，否则会被认为是大不敬而遭到训斥；还有为考研升学而进行学术造假等，屡屡成为近年的媒体"头条"，这不能不引起高校的反思。三是大学生的钱权崇拜时有发生。随着市场经济的发展，大学生的思想观念、生活方式、价值取向也发生了深刻变化，部分大学生把是否有钱、权力大小作为成功的标志，由此导致价值观的扭曲，进而引发行为上的变异，如为了拥有高档手机而不惜借高利贷，盲目追求奢华生活等。这些问题也反映了高校的廉洁教育还不到位。对于违纪违法行为，法纪追究势在必行，但通过廉洁教育加以预防才是治本之策，这就决定了大学生廉洁教育具有很强的现实性和紧迫性。

## 二、大学生廉洁教育具有层次性

层次性指的是廉洁教育要按照由整体到局部、由一般到个别的层次有序进行。对大学生进行廉洁教育要充分考虑个体的差异性。根据大学生不同学习阶段的学习内容和个人综合素质发展的差异，对其进行层次化的教育。对于低年级学生，主要是加强法律法规常识教育和诚信教育；对于高年级学生，则因为他们面临毕业就业，应着重进行职业道德教育和廉政教育。还可以根据学生的专业特点和未来的职业岗位特点进行廉洁教育，比如，对于工程类专业的大学生，要突出不能偷工减料、搞"豆腐渣"工程等的廉洁教育；对于财经类专业的大学生，则要突出不能做假账、参与洗钱等的廉洁教育，并通过相关案例的解读进行廉洁警示教育。

从政治面貌的角度划分，大学生群体可以分为学生党员、学生干部和普通学生。当然，这个划分并无明确的界限，如有的学生党员同时也是学生干部，有的普通学生也是学生党员，这样划分只是为了突出廉洁教育的针对性。对于学生党员，参加党组织的理论学习和实践活动既是权利也是义务，高校可以通过党组织的组织生活对学生党员进行廉洁教育，重点就入党初心、党规党纪、党风廉政建设等方面加强廉洁教育。对于不是党员的学生干部，则可以在日常的活动中强化服务意识、公正廉明、奉献精神等方面教育，培养他们树立正确的权力观。对于普通学生，就要加强诚信教育和纪律教育，引导他们客观评判并理性看待社会的各种腐败现象，不断坚定理想信念和增强拒腐防变能力。只有突出教育的层次性，才能提高教育的针对性，也才能取得理想的教育实效。

### 三、大学生廉洁教育具有渐进性

渐进性是指大学生的廉洁教育是一个持续的、循序渐进的教育过程。在内容上由浅入深、由易到难、梯次推进。因此，对大学生进行廉洁教育，就是要引导他们从了解廉洁教育的概念、含义等基本知识学起，以至理解反腐倡廉的政策和理论，进而掌握拒腐防变的方法和技巧等。

同时，由于廉洁教育的层次性，对于大学生所处的不同阶段，教育内容是不断更新深化的，因此，教育过程要结合学生的具体实际，逐步推进，既不能全盘照搬党员干部廉洁教育的内容和方法，更不能急功近利。"要遵循思想政治工作规律，遵循教书育人规律，遵循学生成长规律"①，把理论与实践结合起来。一方面，理论要深入浅出、结合实际、易于理解；另一方面，实践要形式多样、丰富多彩、印象深刻。理论与实践只有深入地结合，不偏不倚，才能让学生们真正掌握廉洁的真正意义，逐渐形成"洁身崇廉"的高尚品德和良好的行为习惯。

---

① 习近平. 把思想政治工作贯穿教育教学全过程 开创我国高等教育事业发展新局面 [N]. 人民日报，2016 - 12 - 09（1）.

**四、大学生廉洁教育具有职业引导性**

职业引导性是指一系列包括正式与非正式教育、培训及工作体验的开发活动，这些开发活动有助于受教育者将来能够从事更好、更适合自己的工作。廉洁自律、爱岗敬业是每个大学生的潜在命题，它随着大学生的成长起到越来越关键的作用。大学生虽然具有半个社会人的性质，但是仍然需要加强"三观"教育，只有积极引导他们树立正确的世界观、人生观和价值观，才能保证他们走向社会、走上工作岗位后，能够拥有良好的职业道德和廉洁奉公的思想品质。

职业引导性是大学生廉洁教育最显著的特征。大学生由于对社会了解不深，还不知道成为职业人后需要遵守的职业道德和职业规范，这就要求高校在开展廉洁教育时，要同大学生的职业道德教育、专业知识技能教育、专业社会实践活动有机结合起来，帮助大学生树立正确的职业价值观和职业道德素养，形成廉洁守法的价值理念，不断提高拒腐防变能力，能够正确对待职业中的奉献与索取、个体与集体、个人与国家之间的关系，切实做到自觉遵守法律法规和社会道德规范，切实提高反腐倡廉的自觉性和主动性。

## 第三节 我国大学生廉洁教育的发展

长期以来，党和国家高度重视大学生廉洁教育，把大学生廉洁教育作为前置性的反腐倡廉建设工程。在加强思想政治教育的同时，专门出台了廉洁教育的系列政策文件，有效推动了大学生廉洁教育的深入发展。特别是党的十八大以来，习近平总书记高度关注青年大学生的成长成才，在全国教育大会、全国高校思想政治工作会议和学校思想政治理论课教师座谈会上发表的重要讲话，都紧紧围绕"培养什么样的人、如何培养人以及为谁培养人这个根本问题"进行系统论述，为全面推进大学生廉洁教育提供了根本遵循，也把大学生廉洁教育推上新的高度。

### 一、大学生廉洁教育政策体系不断完善

面对改革开放和市场经济带来的严峻腐败问题，2005 年 1 月，党中央印发的《建立健全教育、制度、监督并重的惩治和预防腐败体系实施纲要》（以下简称《实施纲要》）明确提出："反腐倡廉教育要面向全社会，把思想教育、纪律教育与社会公德、职业道德、家庭美德教育和法制教育结合起来。大力加强廉政文化建设，积极推动廉政文化进社区、家庭、学校、企业和农村。"由此，廉洁教育被纳入到惩防腐败体系建设当中。为贯彻落实《实施纲要》精神，2005 年 7 月，教育部出台了《关于在大中小学开展廉洁教育试点工作的意见》，决定在北京、天津、上海、浙江、湖北、陕西和太原、南京、广州、深圳十省市的大中小学开展廉洁教育试点工作。2007年 3 月，教育部下发《关于在大中小学全面开展廉洁教育的意见》，对全面开展大中小学廉洁教育的总体要求、方法途径、体制机制等

方面作出明确规定，其中，大学阶段廉洁教育的目标和主要内容是："以社会主义核心价值体系为引领和主导，加强法制和诚信教育，加强社会公德、职业道德和家庭美德教育，组织学习党和国家关于党风廉政建设和反腐败方面的方针政策、法律法规等，引导大学生树立报效祖国、服务人民的信念，不断提高大学生的道德自律意识，增强拒腐防变的良好心理品质，逐步形成廉洁自律、爱岗敬业的职业观念。"2008 年 9 月，中纪委、教育部、监察部联合出台《关于加强高等学校反腐倡廉建设的意见》，强调要"充分利用新生入学教育、毕业生教育等形式和各种校园文化活动，深入开展校园廉政文化建设"。2009 年底，中纪委等五部委联合下发《关于加强廉政文化建设的意见》，强调"把青少年廉洁教育作为实施素质教育的重要内容，纳入国民教育体系，扎实推进廉洁教育进教材、进课堂、进学生头脑"。期间，各地各高校也陆续出台相应的实施方案，形成了较为完善的大学生廉洁教育政策指导体系。

党的十八大以来，在贯彻落实大学生廉洁教育政策文件精神的同时，国家层面又出台了相关的政策文件，有效推动了大学生廉洁教育的深入开展。2013 年 12 月，中共中央办公厅印发《关于培育和践行社会主义核心价值观的意见》；2017 年 2 月，中共中央、国务院印发《关于加强和改进新形势下高校思想政治工作的意见》；2017 年 12 月，教育部出台《高校思想政治工作质量提升工程实施纲要》；2019 年 8 月，中共中央办公厅、国务院办公厅印发《关于深化新时代学校思想政治理论课改革创新的若干意见》。虽然这些政策文件没有直接明确大学生廉洁教育的具体内容，但都以更高的形式将大学生廉洁教育融合于其中，为高质量推进大学生廉洁教育提供了制度保障。

## 二、大学生廉洁文化教育活动蓬勃发展

截至 2019 年，教育部已连续举办了七届全国高校廉政文化作品征集暨廉洁教育系列活动，其中，第二至第七届分别以"中国梦·廉洁情""崇德向善·勤廉笃实""遵法·崇廉·明德""守规矩·倡廉洁·扬正气""讲修养·讲道德·讲诚信·讲廉耻""守初心、知敬畏、扬正气、担使命"为主题。系列活动以廉洁知识问答、表演艺术、书画摄影、艺术设计、网络新媒体等形式呈现，有效带动了全国高校的廉洁文化建设。在此基础上，很多高校结合本校实际，开展了丰富多彩的廉洁文化主题教育活动，如西北工业大学 2018 年开展的廉洁文化宣传教育月活动，以党课团课、入学毕业教育、日常教育、社会实践等为载体，开展宣传教育活动，增强大学生廉洁修身意识，树立良好学风；北京大学 2018 年开展的廉洁教育宣传月活动，通过"廉洁讲堂"系列讲座活动，提升全校师生的廉洁自律意识，积极培育和践行社会主义核心价值观。各高校开展的"廉洁教育系列活动""廉洁文化活动月""廉洁教育活动周"等活动主题鲜明、形式多样，有的已经形成独具特色的廉洁文化品牌，推动廉洁文化成为校园文化的主流，为建设廉洁校园营造了浓厚的氛围，也为大学生廉洁教育营造了良好的文化生态。

### 三、大学生廉洁教育研究成果日益丰富

在大学生廉洁教育政策指引下，学术界对大学生廉洁教育进行了深入研究，并取得了较为丰硕的研究成果。在著作出版方面，主要有张楠和张文杰的《大学生廉洁教育·迈向新征程》（2019）、谭琦的《社会主义核心价值观视野下的大学生廉洁教育》（2015）、夏云强的《大学生廉洁教育研究》（2008）、吴肇庆和李向成的《大学生廉洁教育的理论与实践》（2008）、宋墩福主编的《大学生廉洁教育教程》（2013）、钟俊生主编的《高等学校廉洁文化教程》（2010）、邓频声主编的《大学生廉洁教育读本》（2008）等，含括了大学生廉洁教育的理论研究、实践探索、教程和读本等研究成果。在学术论文方面，借助 CNKI 数据库，通过主题路径精确搜索，以"大学生廉洁教育"为检索词，以北核期刊、CSSCI 为文献来源，检索 2005—2019 年的文献，并运用文献计量学工具 Cite Space 进行统计分析，结果发现，大学生廉洁教育的研究论文发表数量总体呈上升趋势，并具有较为明显的政策导向性，反映出学术界立足研究前沿，以学术研究服务社会的责任与担当。就研究力量而言，研究者主要集中在高校，以思政工作队伍为主。就研究关注点而言，出现频次由高到低依次为廉洁教育的途径、必要性、问题、意义、目标、基本原则、内容、可行性、基本经验和理论基础。就研究热点分布而言，使用频次较高的关键词为思想政治理论课、廉洁文化建设、道德修养、思想道德等。网络阵地、新媒体、网络平台、教育模式、媒体信息等关键词也逐渐出现在学术

界的视野中，"互联网＋廉洁教育"成为学术界关注的重点，反映出学术界与时俱进的理论品格，为高校解决廉洁教育现实问题和创新廉洁教育模式提供了重要参考。

### 四、大学生廉洁教育课程建设有效推进

廉洁教育课程建设是大学生廉洁教育的关键环节，甚至可以说是奠定廉洁教育地位的基础性工程，随着反腐倡廉的深入推进，高校廉洁教育课程建设也得到较好发展。福建农林大学是最早开设廉洁教育课程的高校，该校自 2000 年起就在"形势与政策"课程中单独设置廉洁教育板块，目前累计选课的学生近 10 万人，该校还在学生党校中开设廉政课程，累计培训学员超过 2 万名。这种模式是国内高校开设廉洁教育课程的主要模式。从 2004 年开始，湖南大学在政治学与行政学本科专业中开设廉政与监察方向，系统开展廉政理论与实践教学。2005 年开始，清华大学决定面向全体本科生和研究生开设廉洁教育选修课程。据不完全统计，目前已有福建农林大学、清华大学、湖南大学、成都理工大学、南通大学、河南大学等 10 所高校先后开设了专门的廉洁教育课程。其中，南通大学利用"形势与政策"课程空间，开设"大学生廉政文化概论"课程，设置 24 学时和 2 学分，可以说力度是最大的，该课程目前已覆盖全体在校生；河南大学开设的"我国反腐败经典视频评析"选修课，广受学生欢迎，取得了良好的教育效果；广东省更是要求全省普通高等学校开设"廉洁修身"专题教育课程，发放 50 万本教材免费循环使用，规

定安排 16～18 个课时和 1 个学分，专门用于"廉洁修身"专题教育。2010 年 6 月，在成都召开的全国青少年廉洁教育工作经验交流会上，时任教育部副部长陈希强调，要建立健全青少年廉洁教育课程体系，实现廉洁教育全覆盖，要切实加强青少年廉洁教育课程教材建设和教师培训。从此，各高校陆续开设了廉洁教育课程。

进入新时代，在全面从严治党的大背景下，大学生廉洁教育课程不断创新发展。如福州大学于 2018 年开设的"大学生创业与廉洁教育"，是该校大学生廉洁教育的探索创新之举；北京青年政治学院将廉洁教育纳入大学生思政课，专门开发了大学生廉洁教育课程，从 2018 年开始，纳入教学大纲，安排 2 个教学课时，实现大学生廉洁教育制度化、规范化；延安大学从 2017 年开始启动大学生廉洁教育课程教学，在大三学年第二学期开课，分为 4 个专题、2 次课堂讨论及实践教学，实现在校大学生廉洁教育的全覆盖，并成立了廉洁教育教研室，下设四个教研组；合肥学院在全省率先开设廉洁教育课程，于 2016 年开始对大二学生开设 4 个专题 8 个课时的廉洁教育课程；济南职业学院从 2017 年起开设"廉洁教育"课程，共 9 个学时，其中专题讲授 4 个学时，廉洁教育主题活动 5 个学时；绍兴文理学院从 2015 年起开设廉洁教育课程，课堂教学集中安排在第二学年的第二个学期，以"知耻""修德""求真""力行"为基本思路，分廉洁修养理论篇、文化篇、方法篇三个主题进行，每个主题为 3 个学时，共 9 个学时，计 0.5 个学分。此外，乐山师范学院、江苏海事职业技术学院等院校也结合自身实际，专门开设了大学生廉洁教育课程。由此可见，大学生廉洁教育以廉洁教育课程为标志独立形成版块，并被越来越多的高校推崇，凸显了大学生廉洁教育功能的特殊性。

### 五、大学生廉洁社团和廉洁网站不断发展

经过十多年的发展，大学生廉洁社团不断壮大，成为高校社团群体的重要成员，是大学生进行自我廉洁教育的重要平台。如广西师范大学的"漓江廉洁文化社"、兰州大学的"萃英崇廉社"、东北师范大学的"烛光映廉学社"、福州大学的"旗山惟廉社"、湖南大学的"湖湘廉风学社"、河南大学的"明德廉风学社"、西安理工大学的"清风尚莲学社"、北方工业大学的"毓廉社"等，它们各具特色，在大学生廉洁文化教育中发挥积极的辐射带动作用。据不完全统计，目前全国已有超过 100 个大学生廉洁社团，参与的学生超过 5 万人。2009 年 5 月，在由教育部主办的第三届全国高校百佳网站网络评选中，东北大学"东大廉政网"、大连理工大学"大学生廉政教育网"、华南理工大学"清风园"网、湖南大学廉政研究中心"中国大学生廉洁教育在线"网站、河海大学纪检监察网站、四川大学纪委监察处网站、山东大学"廉政校园"网、北京林业大学"党风廉政建设"网、天津工业大学纪检监察网站和辽宁工学院"清风校园"网，被评为"十佳校园廉洁教育主题网站"。随着新媒体时代的到来，廉洁教育主题网站将成为大学生廉洁教育的新空间，为丰富和拓展校园文化建设注入了新元素、新活力。

# 第四章

# 新时代大学生廉洁教育的目标和原则

## 第一节　大学生廉洁教育的目标

廉洁教育的目标决定着廉洁教育的发展方向，在大学生廉洁教育过程中，廉洁教育目标具有导向、凝聚、纠偏和激励等作用。新时代的大学生廉洁教育目标，必须坚持以习近平新时代中国特色社会主义思想为指导，坚持立德树人、铸魂育人，努力引导大学生不断增强廉洁意识、树立正确的廉洁价值观，不断提高拒腐防变能力，成为有理想、有本领、有担当的社会主义建设者和接班人。

### 一、大学生廉洁教育目标的内涵

马克思、恩格斯曾经说过："在社会历史领域内进行的活动，是具有意识的、经过思虑或者凭借激情行动的、追求某种目的的人；

任何事情的发生都不是没有自觉的意图，没有预期的目的的。"① 大学生廉洁教育，是培养大学生廉洁意识、廉洁价值观和拒腐防变能力的精神实践活动，也必须确定活动的目标，并在目标指引下，制定实施廉洁教育的方案计划，调控大学生廉洁教育的进程，确保廉洁教育的有效实施和目标达成。可见，目标是指路灯，也是航向。大学生廉洁教育目标是实施廉洁教育所要达到的预期效果，大学生廉洁教育目标的确定，决定了高校廉洁教育的发展方向。2007 年 3 月，教育部出台的《关于在大中小学全面开展廉洁教育的意见》明确了大学生廉洁教育的目标："引导大学生树立报效祖国、服务人民的信念，不断提高大学生的道德自律意识，增强拒腐防变的良好心理品质，逐步形成廉洁自律、爱岗敬业的职业观念。"由此我们发现，大学生廉洁教育目标是一个多维的目标体系，具有其内在的结构性特征，对高校开展廉洁教育起到引领、制约和指导作用。大学生廉洁教育目标是廉洁教育目的具体化、精准化，是促进大学生廉洁素养形成和发展所要达到的规格或质量标准。随着时代的发展，大学生廉洁教育的目标也要不断地丰富和拓展。

## 二、大学生廉洁教育目标的特点

（一）大学生廉洁教育目标方向具有规定性

大学生廉洁教育目标是根据廉洁教育目的要求和大学生的道德

---

① 马克思恩格斯全集：第 2 卷 [M]．北京：人民出版社，1995：247.

发展实际来确定的，具有鲜明的方向规定性，主要表现在以下几个方面：一是政治方向性。大学生廉洁教育目标的确定和执行，总是要体现统治阶级对人才培养的思想政治要求，反映着统治阶级政权的权威性，体现了"为谁培养人"的政治原则。二是社会倾向性。大学生廉洁教育目标规定了为什么样的社会培养人，指明了大学生廉洁教育的社会方向，即为构建公平正义、风清气正的社会主义社会培养人才，体现了"培养什么样的人"的社会倾向性。三是素质规定性。大学生廉洁教育目标规定了廉洁教育的素质要求，对大学生要培养什么样的心理品质做了明确规定，即具备洁身自好、廉洁奉公的心理品质。可见，大学生廉洁教育目标对廉洁教育活动的政治方向、社会性质和品德素质等各方面都作了明确的规定和要求。

### （二）大学生廉洁教育目标结构具有层次性

大学生廉洁教育目标是一个多维的目标体系，具有结构层次性。可以根据大学生的不同层次结构对廉洁教育目标进行分解。比如，从大学生的学历层次来划分，可以分为专科生目标、本科生目标、研究生目标；从大学生的不同专业来划分，其廉洁教育目标要结合专业特性来确定，这样才能取得真正的教育实效；从大学的不同年级来划分，可以分为不同的年级目标，也可以分为入学初的教育目标、学习中期的目标和毕业季的教育目标等，这样更体现教育的针对性；按照目标层次来划分，则可以分为高级、中级和初级的廉洁教育目标层次；按照教育的时间来划分，又可以分为近期、中期和远期教育目标；按照学生的群体来划分，可以分为党员学生、学生干部、普通学生的教育目标等。不同层次的廉洁教育目标，既相互区别，又相互联系，共同组成具有层次性、动态性和系列化的目标体系，只要做好不同层次的衔接教育，就能够不断提高教育实效，实现教育目标。

（三）大学生廉洁教育目标内容具有多维性

大学生廉洁教育目标的内容包含着多个维度，根据不同标准，可以分为不同的维度。根据大学生廉洁品质的形成和发展过程，可以分为廉洁教育的认知目标、情感目标、意志目标和行为目标四个维度；根据大学生廉洁教育目标的内容划分，可以分为廉洁思想教育目标、政治素质教育目标、道德素质教育目标、党纪法规教育目标、心理品质教育目标等维度。其中，各分支目标维度又可以分出更多的具体目标维度，如党纪法规教育目标，可以分为党规党纪教育目标、法律法规教育目标等。可以说，正是大学生的思想品德形成发展特点和个体身心发展规律的差异性，使得廉洁教育目标在内容上呈现出多维性和动态性的特点。

（四）大学生廉洁教育目标效果具有可测性

大学生廉洁教育目标是教育者根据廉洁教育目的要求和大学生道德发展实际，通过开展廉洁教育活动，在某个时段内，促进大学生廉洁素养形成和发展所要达到的规格或质量标准，即在大学生身上要达到的结果和期望值，因而使得大学生廉洁教育的目标效果具有可测性，如大学生对廉洁理论的掌握、对廉政建设的态度、对腐败行为的看法等，均可以通过科学设计的量表加以测试。在实施廉洁教育活动过程中，包括内容的设定、方法的选择、环境的优化等都要围绕实现廉洁教育目标来进行。在廉洁教育活动实施前，教育者总会或多或少地预测到活动所要达到的效果，而大学生也在教育者的引导下，朝着预定的廉洁教育目标去发展，这使得廉洁教育目标效果的实现带有可测性。正是由于廉洁教育目标效果的可测性，使廉洁教育的活动变得有章可循，避免了廉洁教育的随意性和盲目性。当然，我们不能否认，在开展大学生廉洁教育活动过程中，总会受到来自教育环境、教育对象、教育手段等各种因素的影响和制约，使廉洁教育的目标效果与期望值之间存在偏差，影响其可测性的准确度。

### 三、大学生廉洁教育目标确立的依据

大学生廉洁教育目标虽然由教育主体制定，反映教育主体的主观愿望和要求，但实质上反映的是社会发展要求与大学生成长成才需要。可见，适应社会发展要求和满足大学生成长成才需要，才是确立大学生廉洁教育目标的依据。

（一）适应社会发展要求是目标确立的客观依据

党的十八大以来，以习近平同志为核心的党中央深刻洞悉时代发展要求，把全面从严治党纳入"四个全面"战略布局，强调要"坚持真管真严、敢管敢严、长管长严，坚持思想从严、执纪从严、治吏从严、作风从严、反腐从严，保持战略定力，拿出恒心韧劲，

落实管党治党责任，不断推动全面从严治党向纵深发展。"① 党风政风明显好转，党群干群关系明显改善，社会风气向上向善。虽然我们的党风廉政建设和反腐败斗争已经取得了决定性胜利，但全面从严治党永远在路上，要实现中华民族伟大复兴的中国梦，必须坚定不移地推进全面从严治党。

党的十九大报告明确提出，中国特色社会主义已经进入了新时代，这是我国发展新的历史方位，我国社会主要矛盾已经转化为人民日益增长的美好生活需要和不平衡不充分的发展之间的矛盾。为此，在新的历史起点上，我们党坚持以人民为中心，坚持新发展理念，团结和带领全国各族人民决胜全面建成小康社会，开启全面建设社会主义现代化强国的新征程，这是党和国家的中心任务和奋斗目标，同时也为制定大学生廉洁教育目标提供了客观依据。我们在制定廉洁教育目标时，既要立足现实，又要展望未来，才能适应新时代社会发展的要求。作为党和国家奋斗目标的重要组成部分，大学生廉洁教育目标只有服从和服务于党和国家的奋斗目标与中心任务，才具有科学性、可行性和有效性。

（二）满足大学生成长成才需要是目标确立的内在依据

廉洁教育不仅要促进社会发展，而且还要促进人的发展。因此，大学生廉洁教育目标的确立不仅要适应社会发展要求，而且还要满足大学生的成长成才需要。廉洁素养是思想道德素养的重要组成部

---

① 习近平. 在全国组织工作会议上的讲话［EB/OL］. 共产党员网，2018 - 09 - 17.

分，廉洁素养的发展对大学生的智力、体力等各方面的发展具有重要的促进作用。因此，满足大学生成长成才需要是制定廉洁教育目标的内在依据。

在大学生的成长成才过程中，廉洁素养的发展呈现出规律性。大学生廉洁素养的发展与大学生的认知能力具有相关性，是内化和外化相统一的过程。高校在确立大学生廉洁教育目标时，既要考虑大学生的思想道德品质发展现状和身心发展规律，又要考虑大学生廉洁素养发展的未来需要。大学生廉洁素养发展的未来需要，就是形成与社会发展相适应的廉洁素养，新时代对大学生廉洁素养有着新的要求，这种要求主要体现在对大学生的培养目标上。新时代要求大学生有理想、有本领、有担当，理想信念坚定、志存高远、脚踏实地。"一定社会的思想政治准则和法纪道德规范转化为受教育者个体的品德，受教育者的品德应该和可能达到什么样的规格要求，既要反映社会发展的要求，同时又必须考虑到他们的身心发展规律。"① 基于此，廉洁教育要遵循大学生思想品德形成和身心发展的规律，依据大学生思想品德发展要求和社会对人才培养的目标要求，科学制定大学生的廉洁教育目标，进而促进大学生德智体美劳全面发展。

---

① 胡厚福. 德育学原理 [M]. 北京：北京师范大学出版社，1997：198.

## 第二节　大学生廉洁教育的原则

大学生廉洁教育原则是指在开展廉洁教育活动时必须遵循的基本准则，它反映了廉洁教育的客观规律，对廉洁教育活动的顺利进行具有重要的指导意义。

### 一、大学生廉洁教育原则的基本依据

大学生廉洁教育是高校思想政治教育的重要内容，因此，大学生廉洁教育原则与高校思想政治教育原则具有内在一致性，但也有其自身的特殊性。大学生廉洁教育原则，是根据廉洁教育的客观规律，在总结廉洁教育实践经验的基础上，制定出来的廉洁教育活动准则，是开展廉洁教育活动必须遵循的基本规则，对廉洁教育活动的有序开展及其实效性的提升意义重大。

要准确把握和运用廉洁教育原则，首先要明确廉洁教育原则确立的依据。由于廉洁教育原则是廉洁教育规律的具体反映，因此，确立廉洁教育原则的基本依据就是廉洁教育的客观规律。在开展廉洁教育活动时，之所以必须要遵循廉洁教育原则，是因为它反映了廉洁教育客观规律的要求，只有符合廉洁教育客观规律的原则，才是正确可行的廉洁教育原则。可见，廉洁教育客观规律是确立廉洁教育原则的基本依据。2016 年 12 月，习近平总书记在全国思想政治

工作会议上强调："做好高校思想政治工作，要因事而化、因时而进、因势而新。要遵循思想政治工作规律，遵循教书育人规律，遵循学生成长规律。"① 廉洁教育的客观规律蕴含于这"三大规律"之中，廉洁教育原则的确立必须以这"三大规律"为基本依据。

## 二、大学生廉洁教育的主要原则

### （一）方向性原则

方向性原则是指廉洁教育必须始终坚持正确的政治方向，这是廉洁教育的根本原则和最高原则，是大学生廉洁教育及其规律的本质要求。开展廉洁教育是党中央在总结历史经验、科学判断形势基础上对反腐倡廉建设作出的重大战略决策，是构建教育、制度、监督并重的惩治和预防腐败体系的基础性工程，具有鲜明的政治性。方向性原则主要体现为廉洁教育必须旗帜鲜明讲政治，必须坚持中国共产党的领导，必须坚持中国特色社会主义。为此，新时代的大学生廉洁教育要以习近平新时代中国特色社会主义思想为指导，既要对大学生进行党的路线、方针、政策的教育，又要进行理想信念教育和廉洁道德教育，引导大学生不断增强廉洁自律意识，树立正确的廉洁价值观，不断提高拒腐防变能力。

坚持方向性原则，对于大学生廉洁教育具有重要的意义。只有坚持方向性原则，才能保持廉洁教育的中国特色社会主义本质；只

---

① 习近平. 把思想政治工作贯穿教育教学全过程 开创我国高等教育事业发展新局面 [N]. 人民日报，2016 - 12 - 09（1）.

有坚持方向性原则，才能实现廉洁教育的价值要求。在新时代大学生廉洁教育过程中，要坚持中国特色社会主义方向。首先，必须坚持以习近平新时代中国特色社会主义思想为指导，才能做到科学性与思想性的统一、理论性与实践性的统一，从而增强积极性与主动性，减少盲目性和随意性。其次，要着力提高贯彻廉洁教育方向性原则的自觉性。习近平总书记在党的十九大报告中强调指出："我们要不负人民重托、无愧历史选择，在新时代中国特色社会主义的伟大实践中，以党的坚强领导和顽强奋斗，激励全体中华儿女不断奋进，凝聚起同心共筑中国梦的磅礴力量！"① 以培养廉洁自律、诚实守信的时代新人为己任的高校廉洁教育，更要牢记总书记的殷殷嘱托，使高校的教育工作者深刻认识到，坚持廉洁教育的政治方向，是有效开展大学生廉洁教育的根本保证。在廉洁教育实践中，自觉坚持和运用方向性原则，将其精神贯彻落实到廉洁教育活动中。同时也要引导大学生清醒认识到，坚持正确的政治方向，不仅有利于个人发展，而且有利于社会的和谐稳定。最后，贯彻方向性原则要讲究科学方法。必须把原则的坚定性和方法的灵活性有机地结合起来，使廉洁教育自然而然地融入到大学生学习生活的各个方面，从而潜移默化地正向影响他们的思想和行为。要探寻方向性原则与廉洁教育目标之间的契合点，以方向性原则统摄廉洁教育的具体目标，使中国特色社会主义方向成为大学生廉洁教育的灵魂。

---

① 习近平. 决胜全面建成小康社会 夺取新时代中国特色社会主义伟大胜利——在中国共产党第十九次全国代表大会上的报告［EB/OL］. 新华网，2017－10－27.

（二）实事求是原则

实事求是原则，就是大学生廉洁教育要始终坚持从实际出发，理论联系实际的思想路线。在大学生廉洁教育活动中，首先要坚持廉洁教育的目标和要求必须遵循思想政治工作规律、教书育人规律、学生成长规律。具体来讲，就是要立足大学生的思想和心理发展实际，立足廉洁教育的客观要求，通过调查研究，把握大学生廉洁教育的内外部联系，探寻大学生廉洁教育的内在规律，以提高大学生廉洁教育的针对性和实效性。

坚持实事求是原则，对大学生廉洁教育具有重要的现实意义。坚持从大学生的思想实际和心理发展规律进行廉洁教育，能够有效避免主观性、随意性和盲目性，这是廉洁教育的基本要求。只有坚持实事求是的原则，才能使廉洁教育更加贴近大学生的思想、学习和生活实际，才能实现廉洁教育"入耳、入脑、入心"的目标，否则就会陷入廉洁教育"自说自话"。

坚持实事求是原则，首先，要有强烈的求真务实精神，要做到这一点，就需要进行深入的调查研究，准确掌握大学生的思想动态和心理特点，准确把握廉洁教育的实际规律，如对腐败案例的解读，既不回避问题，也不能夸大其词。其次，要坚持理论联系实际，把马克思主义的基本理论和基本方法准确运用到廉洁教育的实践当中，发挥理论指导作用，力求做到理论与实践的有机结合。再次，要讲究科学的方法。做好廉洁教育的调查研究、分析推理和总结归纳，都离不开科学的方法，没有科学的方法，实事求是原则就无法落实到廉洁教育当中。因此，廉洁教育工作者既要掌握辩证唯物主义方法论，又要能够娴熟地运用现代的教育技术，以提高实事求是原则的科学性。最后，要坚持与时俱进。随着社会的发展进步，特别是网络媒体时代的到来，客观事物急剧变化，大学生的思想观念、心理发展等也在不断变化，只有对廉洁教育的内容、形式、方法等进行适时调整更新，才能适应时代发展要求，才能满足学生成长发展需求和期待，即要做到"因事而化、因时而进、因势而新"①。

（三）主体性原则

主体性原则是指在开展廉洁教育活动时，教育者应当充分尊重受教育者的主体性地位，充分调动受教育者的主观能动性，积极发挥受教育者的积极性、主动性和创造性。在大学生廉洁教育过程中，高校教师是教育主体，大学生是教育客体，但在现实教育中，大学生并不是被动的接受者，而是在接受教育过程中进行着自我教育，特别是新时代的大学生，他们的主体意识更加强烈，更加勇于展示自己、善于表达主见。从这个角度来看，大学生也是廉洁教育的主体，在教育中发挥着重要作用。大学生只有对廉洁教育积极参与主动接受，才能真正将其内化为廉洁的心理品质和外化为拒绝腐败的廉洁行为。大学生的主观能动作用是影响廉洁教育效果的关键要素，因此，要提高廉洁教育的实效，就必须坚持主体性原则，充分调动大学生的主观能动性。

---

① 习近平. 把思想政治工作贯穿教育教学全过程 开创我国高等教育事业发展新局面 [N]. 人民日报，2016－12－09（1）.

在新的时代背景下，网络媒体高度发达，社会信息化使人们获取信息变得更加快捷、更加丰富，大学生作为网络社会的主力军，他们获取信息有时候比教师还要灵便，教师在教育中的优势和权威受到挑战已成常态。过去因片面强调教师的主体作用而进行的单纯灌输，已经无法适应时代发展的要求，只能采用"双向互动、引导选择"的新方式进行教育。这就要求在廉洁教育过程中，教师要以民主、平等的教育方式，引导大学生进行自我教育，努力提高大学生对廉洁与腐败的辨别能力，从而提高大学生的拒腐防变能力。

坚持主体性原则，首先，要充分发挥教师的在廉洁教育中的主导作用。我们强调主体性原则，并不是否定或取消教师在廉洁教育中的主导作用，而是在教育"双主体"理念下强调"主体中的主导"，"实践证明，教育者的主导作用发挥得越好，受教育者的主体能动性就越能得到充分调动"①。因此，开展大学生廉洁教育，教师的主导作用不可忽视，这是贯彻主体性原则的重要环节，为了充分发挥教师的主导作用，必须不断提高廉洁教育教师的综合素质。其次，要努力提高大学生的自我教育能力。通过廉洁教育，使大学生的主体意识不断增强，进而激发他们的积极性、主动性和创造性，不断提高他们的自我教育能力，最终实现廉洁教育目标和自我发展，这是廉洁教育主体性原则的核心价值。在大学生廉洁教育过程中，要坚持以问题为导向，着力引导他们提高分析问题和解决问题的能

---

① 陈万柏，张耀灿. 思想政治教育学原理［M］. 北京：高等教育出版社，2007.

力。让他们在理论学习和社会实践中，实现自我认知、自我评价、自我监督、自我激励和自我控制，使他们的知、情、意、行和谐发展，形成良好的廉洁心理品质。最后，要注重将个体教育与集体教育有机结合起来。廉洁教育的主体性原则，不仅强调个体的自我教育，而且强调集体成员之间的相互教育、彼此影响，因为集体教育是个体教育的组合，个体教育是集体教育的基础。从心理学的从众心理角度来看，当集体教育做得好，个体教育自然事半功倍。因此，大学生廉洁教育要注重培养带头人，发挥示范引领作用，并在集体中营造良好的廉洁教育氛围，为个体的自我教育提供良好的环境。

（四）层次性原则

层次性原则是指廉洁教育要承认教育对象的差异性，根据教育对象不同的思想状况、心理特点、学习能力等进行分层次教育，既考虑少数的特殊性，又考虑多数的普遍性，将个性与共性有机结合起来。教育对象的层次性特征决定了廉洁教育的层次化施教。大学生廉洁品质的形成和发展，从根本上说，是由其所处的社会关系所决定，包括政治面貌（学生党员、学生干部、普通学生等）、经济地位（家庭经济背景）、人际交往等环境因素。同时，个体生理特点、心理素质的差异也影响到廉洁教育的程度和效果。在现实社会中，人们总是千差万别，大学生也具有多样性的特征，大学生的多样性特征，既表现为思想道德品质的优、中、差等状态层次，又表现为新生、老生、毕业生等阶段层次，也表现为专科生、本科生、研究生等学历层次。特别是随着网络新媒体时代的到来，使得大学生的思想观念、价值取向、生活方式等更加趋于多元化，所有这些都表明，大学生客观上存在着复杂的层次性和动态性。因此，廉洁教育只有坚持层次性原则，才能取得预期的教育效果。我们将大学生分为不同的层次，目的是为了使廉洁教育更加符合他们的实际情况，以提高教育的针对性，而不是片面地进行等级划分。

坚持廉洁教育的层次性原则，是为了解决传统教育中长期存在的"一刀切"弊端。传统教育的"一刀切"现象，就是以同一标准和要求去面对所有的学生，而不考虑学生客观存在的差异性，这种脱离实际、缺乏针对性的结果就是实效性差。一般情况下，传统"一刀切"的教育目标要求过高，而先进的学生毕竟是少数，如果用对先进学生的教育目标来要求绝大多数的学生，就会脱离学生的实际基础，脱离大多数学生的实际情况，其教育效果自然差强人意。因此，要关注学生客观存在的差异性特征，进行层次化教育，既要鼓励优秀学生，又要照顾大多数学生，只有这样，才能体现因材施教，满足不同层次、不同起点学生的发展需要和心理期待。

那么，如何在大学生廉洁教育中坚持层次性原则呢？首先，要进行深入的调查研究，准确把握大学生的思想特点和心理特征。大学生的层次性是客观存在的，并随着他们学习生活环境和个体生理心理的发展变化而不断地发展变化。坚持层次性廉洁教育原则，前提就是必须准确把握大学生的思想特点和心理特征，并将其置于时代发展要求的条件下加以考察，才能科学认识和准确把握大学生的思想特点和心理特征，进而有针对性地对大学生进行廉洁教育。其次，要结合大学生思想和心理的层次性，确定层次化的廉洁教育目标和内容。在调查研究和分清层次的基础上，确定适合不同层次大学生的廉洁教育目标和内容，以便做到因材施教、循序渐进和逐步提高。比如，在廉洁教育目标的确定方面，对于党员学生和学生干部，就必须坚持高标准、严要求，要求他们在廉洁品质方面发挥示范带头作用，而对于大多数的普通学生，则要加强诚实守信、反对腐败等方面的教育。廉洁教育内容的确定，也应与廉洁教育目标相适应，针对不同层次的大学生确定不同层次的廉洁教育内容，只有这样，才能避免大学生的逆反心理，促进大学生将其内化与外化。最后，要努力营造满足不同层次大学生的廉洁教育氛围。要通过校园文化、班级文化、社团文化等不同的文化载体营造风清气正的文化生态，使其既能满足大学生群体发展的共性要求，又能满足大学生个体发展的个性需要，让每个大学生的廉洁素养都能获得自由而全面的发展。

（五）渗透性原则

渗透性原则指的是高校廉洁教育要融入到大学生学习生活的方方面面，而要做到这一点，就必须努力构建"三全育廉"体系。"三全育廉"派生于当前正在兴起的"三全育人"理念，即全员育廉、全方位育廉、全过程育廉。2017 年 12 月，教育部发布的《高校思想政治工作质量提升工程实施纲要》明确提出，充分发挥课程、科研、实践、文化、网络、心理、管理、服务、资助、组织等方面工作的育人功能，切实构建"十大"育人体系。这"十大"育人体系就是高校的"十大"业务工作，与大学生的学习生活息息相关，如何将廉洁教育内容融入到"十大"业务工作当中，成为高校廉洁教育的重要任务。大学生的廉洁问题往往源于他们日常的学习生活，只有渗透到大学生日常的学习生活当中，才能满足他们的精神需要，并及时发现问题和解决问题，从而增强廉洁教育的针对性和时效性。

坚持渗透性原则，对高校廉洁教育具有重要的现实意义。首先，只有坚持渗透性原则，才能形成大学生廉洁教育合力。把廉洁教育渗透到课程、科研、实践、文化、网络、心理、管理、服务、资助、组织等各项工作中，结合各项工作实际来育廉，就会形成全员育廉的工作合力。其次，只有坚持渗透性原则，才能更好地发挥廉洁教育效能。廉洁教育并不是独立的教育体系，而是与大学生的学习生活紧密相连，因此，要把"十大"业务工作作为廉洁教育的重要依托，因为这"十大"业务工作使廉洁教育有了用武之地。如通过参与科研工作，让大学生认识到做科研要有严谨求实的工作作风，意识到学术不端给个人声誉带来的不良后果。通过资助工作育廉，可以培养大学生的诚实守信意识、勤俭节约习惯、勇于担当精神等，这些都是廉洁教育的基本内容和重要目标。只有坚持渗透性原则，才能有效避免大学生廉洁教育和高校日常业务工作的"两张皮"现象。

如何坚持廉洁教育的渗透性原则？首先，高校教师要增强在业务工作中渗透廉洁教育的意识，自觉将廉洁教育元素融入到各项业务工作当中，并努力挖掘业务工作蕴含的廉洁教育因素，对大学生进行全方位的廉洁教育，从而实现业务工作和廉洁教育的有机融合。其次，要建立各部门各方面的协同机制，形成齐抓共管的廉洁教育合力。廉洁教育不能只靠少数专职的思想政治理论课教师，而是要靠所有的部门和人员，形成全员协同育廉格局。为此，高校各部门和人员要在完成业务工作的同时，结合自身岗位职能与优势，承担相应的廉洁教育任务，形成全员育廉的网络体系。

（六）示范性原则

所谓示范性原则，指的是教师要以身作则，通过自身的清正廉洁来感染学生、正面影响学生。从某种意义上说，廉洁教育的过程，也是教师通过自身的模范行为对学生进行启迪和示范的过程。廉洁教育要取得实效，不仅要靠真理的力量，而且要靠教师的人格魅力。所谓真理的力量，就是教师所讲的东西必须符合实际，符合社会发展的客观规律；所谓人格魅力，就是教师必须以身作则、率先垂范，努力践行廉洁自律的道德要求和价值理念。这就要求教师既要结合社会发展的客观规律对大学生进行廉洁教育，更要以身作则、言行一致，以自身的清正廉洁形象去影响和教育学生。

大学生廉洁教育所要求的廉洁意识、廉洁文化、廉洁行为等，不仅离不开廉洁教育的课堂教学，更离不开教师的示范践行。大学生廉洁素养的培育，一方面是通过廉洁知识的学习，另一方面是通过教师的行为示范，才能实现内化与外化的统一，由此可见，教师的示范作用对大学生廉洁素养的培育显得极其重要和必要。因为教师承担着向大学生传导廉洁思想和廉洁价值观的重任，教师是否认同和践行廉洁思想和廉洁价值观，对大学生是否接受并内化廉洁思想和价值观至关重要。可想而知，让一个爱贪便宜、言行不一的教师给大学生进行廉洁教育，其效果会如何糟糕。因此，教师的以身作则、率先垂范，是使廉洁教育产生强大道义力量的重要因素，是确保廉洁教育取得实效的必要条件。

坚持示范性原则，就必须做到"学高为师、身正为范"。首先，教师要加强理论学习和人格修养，不断提高自身的思想道德水平。习近平总书记在北京大学师生座谈会上强调："要坚持教育者先受教育，让教师更好担当起学生健康成长指导者和引路人的责任。"①"教师的影响力主要是'非权力影响力'，它和主要由职位因素赋予的带有强制性的权力影响力不同，主要是由品德、才能、知识、情感等因素所赋予。"② 在这些因素中，品德是"非权力影响力"的核心要素，高校教师的品德会对大学生产生直接而深远的影响，因此，高校教师必须要做到洁身自好、公正廉明。此外，高校教师要努力做到"行为世范"，带头践行廉洁思想和廉洁价值观。教师在廉洁方面的"身教"，会产生"无言"的教育力量，有着"言传"不可替代的重要作用，正所谓"喊破嗓子，不如做出样子"。因此，教师要以身作则，凡是要求学生做到的，自己首先要做到；凡是禁止学生做的，自己坚决不做。只有坚持示范性原则，才能提升廉洁教育的影响力和实效性。在新时代，"四有"好老师应是高校教师的标配。

---

① 习近平. 在北京大学师生座谈会上的讲话［EB/OL］. 新华网，2018 – 05 – 02.
② 陈万柏，张耀灿. 思想政治教育学原理（第 2 版）［M］. 北京：高等教育出版社，2007.

第五章

# 新时代大学生廉洁教育的内容和方法

## 第一节　大学生廉洁教育的内容

大学生廉洁教育内容是高校廉洁教育系统中最重要的因素，是高校廉洁教育目的和任务的具体化，决定了大学生廉洁教育的特殊本质，制约着大学生廉洁教育各要素及其功能的发挥。大学生廉洁教育内容由多个要素按照特定的层次结构组合而成，要素之间相互联系、相互作用，准确把握大学生廉洁教育内容，是增强高校廉洁教育效果和提高大学生廉洁素养的内在要求。

### 一、大学生廉洁教育内容概述

（一）大学生廉洁教育内容的要素分析

大学生廉洁教育内容，是高校对大学生进行廉洁教育的具体要素，这些要素是根据高校廉洁教育的目的和任务以及大学生的思想实际来确定的。大学生廉洁教育目的和任务具有丰富性，大学生的思想和心理发展具有多样性，这就决定了廉洁教育的内容应该是多要素的，这些内容要素并非杂乱无章，而是按照特定的层次结构组成，并相互联系、相互作用，共同构成了大学生廉洁教育的内容体系。

2007 年 3 月，教育部出台的《关于在大中小学全面开展廉洁教育的意见》明确规定了大学生廉洁教育的内容："以社会主义核心价值体系为引领和主导，加强法制和诚信教育，加强社会公德、职业道德和家庭美德教育，组织学习党和国家关于党风廉政建设和反腐败方面的方针政策、法律法规等。"这是概括性的规定，还需要加以具体化和系统化，同时，随着经济社会的发展变化和新时代大学生的思想发展特点，高校廉洁教育内容也应不断地丰富和拓展，才能体现出廉洁教育的时代性。大学生廉洁教育的根本目的是要不断提高大学生的廉洁意识和拒腐防变能力，促进大学生的全面发展。为了达到这个目的而进行的廉洁教育，其内容应该包括诚信教育、法治教育、廉洁理论教育、职业道德教育、党规党纪教育、廉洁价值观教育、拒腐防变能力教育等。这些内容要素既有教育的针对性和时代性，又有其内在的逻辑关联性和互动性，是增强大学生廉洁意识、树立大学生廉洁价值观和提高大学生拒腐防变能力的有机整体。

（二）大学生廉洁教育内容的确定原则

大学生廉洁教育内容的确定要遵循以下几个原则。一是整体性原则。即在实施廉洁教育过程中，要发挥廉洁教育内容各个要素之间的协同作用。整体性原则是由大学生的多样性及其思想的复杂性所决定的，大学生的多样性要求廉洁教育内容必须适合所有的大学生，大学生思想的复杂性要求廉洁教育内容发挥各要素之间的协同作用。廉洁教育内容只有以整体的形态存在、以合理的结构呈现，才能发挥各要素功能的"合力"作用，从而产生教育效率的最大化。二是相关性原则。即在实施廉洁教育过程中，既要注重廉洁教育内容与外部环境之间的相互联系，又要注重廉洁教育内容各要素之间的相互作用。从廉洁教育内容的外部关系来看，廉洁教育内容体系具有开放性，既受到外部社会条件的影响，又受到大学生的思想心理状况影响，也受到教师道德素质和教育能力的制约等。从廉洁教育内容的内部关系来看，内容体系中的各要素不是以"孤岛"的形态出现，各要素之间互为中介、协同配合，才能产生"1+1>2"的教育效果。这就要求教师要处理好廉洁教育内容体系与外部环境之间的关系，处理好廉洁教育内容体系各要素之间的相互衔接与配合。三是层次性原则。即在构建大学生廉洁教育内容体系时，要考虑到大学生的不同层次，确定具有层次性的廉洁教育内容。高校廉洁教育内容体系主要由诚信教育、法治教育、廉洁理论教育、职业道德教育、党规党纪教育、廉洁价值观教育、拒腐防变能力教育等构成，而这些内容要素又由各自的下级要素组成，如诚信教育包括学习诚信、交往诚信、生活诚信、职业诚信等具体要素，法治教育包括法治观念、法律知识、法律制度等具体要素。这些具体要素既相互联系，又各具特色，共同构成层次化的廉洁教育内容体系。因此，在开展大学生廉洁教育的过程中，要处理好各要素之间的联系，权衡各要素的功能，才能有效发挥廉洁教育内容的整体作用。明确大学生廉洁教育内容体系的层次性，有助于高校教师根据不同的学生需要施予不同层次的教育内容，确保廉洁教育内容层次与大学生思想心理层次的动态平衡，从而提高廉洁教育的针对性和实效性。

## 二、大学生廉洁教育内容的构成

"大学生廉洁教育内容是廉洁教育活动中教育者和大学生的信息纽带，是构成大学生廉洁教育关系的基本要素，因此，大学生廉洁教育内容的规定关乎教育者和教育对象之间信息传递的程度和教育的效果。"① 大学生廉洁教育是高校思想政治教育的重要组成部分，但在实施过程中，不能简单地认为廉洁教育已经包含在思想政治教育当中，不必加以凸显，这是十分错误的认识。从内容的结构体系来看，大学生廉洁教育内容包括基础性内容、主导性内容和拓展性内容三大板块。其中，基础性内容主要包括传统美德教育、公民道德教育、爱国主义教育等内容系列；主导性内容包括诚信教育、廉洁思想教育、法治教育等内容系列；拓展性内容包括职业道德教育、家庭美德教育等内容系列。我们应当明确目标、规范内容、突出重点，才能提高大学生廉洁教育的针对性和实效性。

---

① 谭琦. 社会主义核心价值观视野下的大学生廉洁教育 [M]. 哈尔滨：哈尔滨工程大学出版社，2015.

（一）诚信教育

诚信即诚实守信，是社会主义核心价值观中个体层面的重要内容，是中华民族的传统美德之一。古今中外，人们对诚信的推崇与追求从未间断，涌现出无数赞美诚信的名言警句和经典故事。孔子认为"人而无信，不知其可也"，孟子认为"诚者，天之道也；思诚者，人之道也"，莎士比亚认为"失去了诚信，就等同于敌人毁灭了自己"，德莱塞认为"诚实是人生的命脉，是一切价值的根基"……可见，诚信是做人的根本，是廉洁价值观的重要内核。

党的十八大以来，习近平总书记在多个场合围绕诚信主题发表了系列重要论述，从战略高度为建设新时代"诚信中国"提供了根本遵循。2013 年 12 月，中共中央办公厅印发的《关于培育和践行社会主义核心价值观的意见》强调："以诚信建设为重点，加强社会公德、职业道德、家庭美德、个人品德教育，形成修身律己、崇德向善、礼让宽容的道德风尚。"2014 年 8 月，中央文明委出台了《关于推进诚信建设制度化的意见》，强调把诚信纳入学校教育，提出："坚持育人为本、德育为先，把诚信贯穿基础教育、高等教育、职业技术教育、成人教育各领域，落实到教育教学和管理服务各环节。"党的十九大报告明确提出要"推进诚信建设制度化"，这就意味着，诚信建设由注重教育转向教育与制度建设并重的新阶段。

当前，由于受传统观念、市场经济、社会转型等方面的综合影响，大学生在学习生活中也出现了诸多不诚信的行为，如考试作弊、学术不端、就业违约等问题。这对高校的校园文化建设和大学生的成长成才都造成了极大的负面影响。因此，诚信教育应成为大学生廉洁教育的重要内容。

大学生诚信教育是廉洁教育的基础，主要包括以下几个方面：一是学习诚信。通过诚信教育让大学生认识到诚信对个人学业发展的重要意义，认识到违反学业诚信的严重后果，从而树立起遵守纪律、勤学苦练、求真务实等学习诚信意识。二是生活诚信。通过加强大学生在师生交往、生活消费、网络生活等领域的诚信教育，培养大学生坦诚相待、理性消费、文明上网等诚信品质。三是职业诚信。职业诚信教育是高等教育必不可少的重要环节，通过就业诚信、创业诚信等方面的教育，培养大学生如实填写就业材料、正确处理就业契约关系、遵守职业道德规范等。

### （二）法治教育

法治教育是大学生廉洁教育的主导内容。党的十八大以来，习近平总书记就全面依法治国进行了系统论述，为大学生廉洁教育提供了根本遵循。"要坚持法治教育从娃娃抓起，把法治教育纳入国民教育体系和精神文明创建内容，由易到难、循序渐进不断增强青少年的规则意识"①，"要加强法治宣传教育，引导全社会树立法治意识，使人们发自内心信仰和崇敬宪法法律"②。十八届四中全会通过的《中共中央关于全面推进依法治国若干重大问题的决定》明确提出："把法治教育纳入国民教育体系，从青少年抓起，在中小学设立

---

① 习近平. 习近平谈治国理政：第2卷 [M]. 北京：外文出版社，2017：122.
② 习近平. 习近平谈治国理政：第2卷 [M]. 北京：外文出版社，2017：135.

法治知识课程。"① 党的十九大报告明确强调要"提高全民族法治素养和道德素质"。为此，高校应把法制教育融入到大学生的廉洁教育当中，提升大学生的廉洁法治意识。

法治教育是建设"法治中国"的基础性工程。大学生作为新时代中国特色社会主义建设者和接班人，要努力争当"法治中国"的建设者、捍卫者和践履者。大学生只有学法知法，才能敬畏法律、尊崇法律，才能在工作和生活中依法办事、廉洁奉公。高校廉洁教育要通过法治教育帮助大学生明确依法治国的科学内涵，引导大学生增强法治意识、树立法治思维、坚持依法办事，为将来在工作、生活中自觉遵纪守法、主动拒腐防变奠定坚实的法治观念。

在高校廉洁教育中，对大学生的法治教育主要包括以下几个方面：一是法治价值观教育。通过法治价值观教育，让大学生充分认识到遵纪守法的重要意义，培养大学生的法治观念、权益意识和程序意识，让法律成为大学生为人处世的衡量标准。二是法律知识教育。通过法律知识的学习，让大学生熟悉掌握《宪法》《民商法》《行政法》等基本的法律法规，并用于指导实践、辨别是非。三是反腐倡廉法律法规教育。这是高校廉洁教育的内在要求，如《中华人民共和国监察法》《中国共产党纪律处分条例》等，让大学生通过学习，深刻认识到反腐倡廉不仅仅是对党员的要求，而是对所有行使公权力的公职人员的要求。部分非党员大学生将来可能就是行使

---

① 中国共产党中国委员会．中共中央关于全面推进依法治国若干重大问题的决定 [N]．人民日报，2014－10－29（1）．

公权力的公职人员，所以，在大学阶段接受与廉洁相关的法律法规教育，是大学生廉洁教育的必然要求。

（三）廉洁理论教育

廉洁理论包括古今中外的廉洁理论思想，特别是中国共产党在党风廉政建设和反腐败斗争实践中总结形成的廉政思想理论。理论学习是大学教育区别于其他教育的显著特征，对大学生进行廉洁理论教育，有助于丰富大学生的思想理论基础，也有助于我国廉洁理论的创新和发展。通过廉洁理论学习，大学生能够了解到古今中外的廉洁思想发展脉络，熟悉我国党风廉政建设和反腐败斗争的历程，掌握新时代党和国家反腐倡廉的做法和经验，不断增强大学生的理论自信，增强大学生对反腐倡廉工作的认同。

党的十八大以来，以习近平同志为核心的党中央以壮士断腕的勇气、猛药去疴的信心和重典治乱的决心，持之以恒正风肃纪，使党内政治生态展现新气象，反腐败斗争取得决定性胜利，全面从严治党取得了重大战果。习近平总书记对反腐倡廉进行了系统论述，形成了内涵丰富、思想深邃、体系完善的反腐倡廉理论体系。反腐倡廉理论是习近平新时代中国特色社会主义思想的重要组成部分，丰富和发展了马克思主义廉洁观，为新时代党风廉政建设和反腐败斗争提供了根本遵循，这是高校廉洁教育的重要内容。

大学生廉洁理论教育，包括以下几个方面：一是习近平总书记关于反腐倡廉的重要论述。党的十八大以来，习近平总书记就党风廉政建设和反腐败斗争发表了系列重要讲话，包括政治建设、组织建设、纪律建设、制度建设等多个方面，形成了站位高远、内涵丰富、思想深邃、逻辑严密的反腐倡廉思想理论体系，表达了我党正风肃纪、反腐倡廉的坚定决心，也是对人民、对历史负责的郑重承诺，具有鲜明的政治性、时代性和先进性。这是大学生廉洁教育的核心内容，也是新时代高校廉洁教育的根本遵循。二是党的十八大以前我国反腐倡廉的思想理论，包括中国古代的反腐倡廉理论和中国共产党诞生以来的反腐倡廉理论。中国古代的反腐倡廉理论，虽然是建立在维护统治和巩固政权的基础之上，但其历经数千年实践而形成的重法惩治理念、防腐制度体系和廉政监察机制等，对我们今日的反腐倡廉仍具有重要的借鉴意义，正所谓"以史为鉴，可以知兴替"。中国共产党自诞生以来，就旗帜鲜明地把廉洁写在自己的旗帜上，把廉政建设作为立党的重要基石，把反对腐败作为重要的执政理念。在近百年的反腐倡廉实践中，中国共产党不断丰富和发展了马克思主义廉洁观，形成了中国特色的社会主义反腐倡廉思想理论体系，这是高校廉洁教育的重要内容。三是国外反腐倡廉的思想理论。腐败作为世界性的难题，从未在各国的政治建设中被动缺席。西方国家在反腐倡廉理论研究和制度建设方面都取得了丰富的成果。在反腐倡廉理论探索方面，"西方国家除了面向具体权力行为的失范问题外，更多地偏重于价值层面，从权力制度的基本价值目的出发，把国家权力的价值基础和具体权力的正当性看作相互统一的过程，着眼于制度本身的合法性，在此基础上完善具体的权力体制，以保障廉洁政治的实现。"① 在反腐倡廉的制度建设方面，西方国家建立了以权力制约权力的政治制度、政党之间的监督制约机制、规范公职人员的现代文官制度等廉政措施。西方国家的反腐倡廉理论，也为大学生廉洁教育提供了有益参考，我们要结合实际有选择、有批判地借鉴和吸收。

（四）职业道德教育

"职业道德是指从事一定职业的人们在其特定的工作或劳动中所应遵循的行为规范的总和。"② 党的十四届六中全会通过的《中共中央关于加强社会主义精神文明建设若干重要问题的决议》明确提出"要大力倡导爱岗敬业、诚实守信、办事公道、服务群众、奉献社会的职业道德。"虽然这个决议已经出台了20多年，但仍具有很强的现实针对性，加强大学生职业道德教育，有助于提高大学生的职业道德水平，有助于推动社会形成良好的职业道德风尚。

党的十八大以来，习近平总书记多次强调职业道德的重要性，为高校加强大学生职业道德教育指明了方向。党的十九大报告明确提出要"深入实施公民道德建设工程，推进社会公德、职业道德、家庭美德、个人品德建设"。在2018年召开的全国教育大会上，习近平总书记强调："教育引导学生崇尚劳动、尊重劳动，懂得劳动最光荣、劳动最崇高、劳动最伟大、劳动最美丽的道理，长大后能够

---

① 宋振国，刘长敏，等. 各国廉政建设比较研究 [M]. 北京：知识产权出版社，2013.
② 陈万柏，张耀灿. 思想政治教育学原理 [M]. 北京：高等教育出版社，2007：196.

辛勤劳动、诚实劳动、创造性劳动。"① 这其中就彰显出鲜明的职业道德意蕴和要求。新时代的大学生，肩负着推动实现"两个一百年"奋斗目标和中华民族伟大复兴中国梦的重要使命，必然要求具备高尚的职业道德和情操。

"敬业"既是社会主义核心价值观的重要内容，也是职业道德的核心要素。绝大多数的大学生毕业后就要走上工作岗位，面临着适应岗位、胜任工作的职业要求，要胜任工作并有所成就，除了具备相应的工作能力之外，还要具备高尚的职业道德。力戒工作的形式主义、弄虚作假等不正之风是职业道德中显著的廉洁品质，这些廉洁品质的养成并非一朝一夕的事，而是要通过长期的培养教育才能形成。因此，大学阶段是接受职业道德教育的关键时期。

对大学生进行职业道德教育，一要帮助大学生树立爱岗敬业的责任意识。以忠于职守和勇于担当增强主人翁精神，以诚实守信和办事公道提升职业尊严和职业荣誉感，以勤业、精业强化职业规范意识。二要引导大学生认识到职业只有分工不同，没有高低贵贱之分。任何工作的存在都有不可替代的价值和意义，都是推动经济社会发展不可或缺的重要组成部分。不论从事什么工作，在政治和人格上都是平等的，只要做出成绩，对社会有所贡献，都会得到肯定和尊重。三要在高校中大力弘扬劳动精神。通过组织大学生参加社

---

① 习近平. 坚持中国特色社会主义教育发展道路 培养德智体美劳全面发展的社会主义建设者和接班人——在全国教育大会上的讲话［N］. 人民日报, 2018 - 09 - 11 (1).

会实践活动，"教育引导学生崇尚劳动、尊重劳动，懂得劳动最光荣、劳动最崇高、劳动最伟大、劳动最美丽的道理，长大后能够辛勤劳动、诚实劳动、创造性劳动。"① 劳动和廉洁素来相伴相生，没有劳动的获得，就不知道廉洁的可贵，因此，培养大学生的劳动精神有助于提高他们的廉洁素养。

（五）党规党纪教育

虽然党规党纪是专门针对中国共产党党员的规制，但我国大学是党领导下的大学，是中国特色的社会主义大学，因此，在高校的廉洁教育过程中，除了大学生党员必须接受党规党纪教育以外，非党员大学生也应当通过廉洁教育了解党规党纪的基本要求，接受党规党纪教育，让他们认识到中国共产党是纪律严明的执政党，有助于提高他们对党的认识和对党的忠诚。这不仅仅是建设"廉洁中国"的客观要求，也是大学生成长成才的内在需要。

党规党纪教育主要包括党风廉政建设和反腐败斗争的方针政策、法律法规、规章制度等方面的教育，特别是《中国共产党廉洁自律准则》《中国共产党纪律处分条例》《中国共产党党内监督条例》《关于新形势下党内政治生活的若干准则》等最新的党规党纪，要让大学生了解反腐倡廉在制度建设方面的具体内容，掌握党规党纪的有关知识，学习党规党纪的有关理论，并自觉遵守党规党纪，形成

---

① 习近平. 坚持中国特色社会主义教育发展道路 培养德智体美劳全面发展的社会主义建设者和接班人——在全国教育大会上的讲话［N］. 人民日报，2018 – 09 – 11 (1).

廉洁自律的道德品质，为他们的健康成长铺平道路。

对大学生进行党规党纪教育，既要突出重点对象，又要注重全面覆盖。一是加强大学生党员的党规党纪教育，把大学生党员培养成为严守党规党纪的先进典型，发挥他们的"模范带头"作用，从而引领更多大学生廉洁自律、遵纪守法。二是结合党规党纪加强学生干部的作风教育和纪律教育，引导他们形成求真务实、开拓进取的学习作风和勤俭节约、艰苦奋斗的生活作风等，树立廉洁自律意识，追求公平正义价值，增强拒腐防变能力，发挥学生干部的模范带头作用，带动更多学生廉洁修身、诚信做人，并坚决同违反廉洁的行为作斗争。三是加强对普通大学生的纪律教育。以党规党纪教育为引领，加强普通大学生的校纪校规教育，培养他们的规则意识和纪律意识，不断提高廉洁道德境界，共同营造良好的学风、校风。此外，加强大学生的党规党纪教育，还要让大学生了解纪检监察机关如何进行党风廉政建设和反腐败斗争，不断增强大学生对纪检监察工作的认同感和敬畏感，并积极参与到反腐倡廉建设的具体实践中。

（六）廉洁价值观教育

廉洁价值观是人们对廉洁价值的基本观点和看法，是社会价值体系的重要组成部分。当前，腐败问题及其土壤依然存在，反腐倡廉永远在路上，反腐败斗争既是对党执政能力的考验，也是对全社会价值理念的较量。大学生的廉洁价值观问题主要表现在三个方面：一是存在跟从心理。如有的大学生当看到别的同学通过"潜规则"

得到某种好处时，自己也跟着运用起所谓的"潜规则"。二是存在侥幸心理。如通过不正当手段获得某种好处而不被发现时，就会变得更加胆大妄为，想办法搞变通、钻空子、耍花招而不能自拔。三是存在逐利心理。如有的学生干部为了自身利益，学会了专营权术、阿谀奉承，甚至生活腐化。畸形的廉洁价值观模糊了美与丑、廉与贪、正与邪之间的边界。最可怕的腐败是思想的腐败，相对于廉洁作风建设和廉政制度建设，这是一场没有硝烟但影响深远的力量角斗。因此，加强大学生的廉洁价值观教育是更基础、更深层次的廉洁教育和价值观塑造。

总结清廉指数较高的国家和地区的反腐经验，我们会发现廉洁价值观的教化与引领发挥了至关重要的作用。"芬兰儿童在初级学校就要学习社会学课程，高中学习法律知识，进入公务员体系的青年不仅要宣誓守法，更重要的是弄清腐败的界限，使清廉价值追求成为芬兰公民的自觉习惯和当代芬兰文化的重要组成部分。"① 当前，不敢腐的震慑已经形成，不能腐的笼子基本扎牢，接下来最为关键的是如何增强不想腐的自觉。虽然我们充满必胜的信心，但前进的道路依然坎坷，因为不想腐属于思想领域的问题，具有隐蔽性和反复性。不仅需要建立完善管用的长效监督机制，而且需要构建起廉荣贪耻的廉洁思想道德防线。大学生作为社会的先进群体，其廉洁价值观对整个社会的廉洁价值取向具有"风向标"作用。因此，加

---

① 苏纪研. 以廉洁价值观引领社会价值观重塑 [J]. 中国纪检监察杂志, 2014 (21):
50 – 51.

强大学生的廉洁价值观教育就显得尤为必要和紧迫。

对大学生进行廉洁价值观教育，一是要重拳击破陈旧的思想束缚。坚持以社会主义核心价值观为引领，旗帜鲜明地倡导清正廉洁，坚决反对贪污腐败，不仅要讲深讲透，而且要通过实践加以深化。不能让不正之风在大学校园滋生蔓延，努力营造风清气正的校园文化环境。二是要加强大学生的理想信念教育。所谓"物必先腐，而后虫生"，大学生违纪违规行为的发生，除了制度、管理、文化等方面的因素影响之外，还与自身的思想受侵蚀、价值被扭曲密切相关。只有在思想上"扶正祛邪"，引导大学生树立正确的学习观、是非观、义利观等思想观念，才能在各种诱惑面前坚守底线、强化定力。因此，必须以理想信念教育来提升大学生的廉洁价值意识，增强大学生对廉洁与腐败的价值判断和选择能力。三是加强传统廉洁文化教育。通过借古鉴今、创新发展，把传统廉洁文化与新时代廉洁文化有机结合起来，融入高校思想政治教育当中，让大学生从礼义廉耻的思想文化中吸取"净以修身、廉以养德"的精神养分，不断增强他们的廉洁价值理念。四是加强校园廉洁文化建设。以"四有"好教师为抓手，加强师德师风建设，营造风清气正的校园文化生态，教化和带动大学生树立正确的廉洁价值观。

（七）拒腐防变能力教育

拒腐防变能力是指人们自觉主动拒绝腐败的能力，在思想上能够认识到腐败的危害，在行动上能够做到拒绝腐败行为的发生，从而确保自身的清正廉洁。具体来说，就是人们在工作和生活当中，能够有效抵制腐败的诱惑，避免自身被"围猎"，被卷入腐败的漩涡。拒腐防变能力包括思想和行为两个方面，其中，思想上的拒腐是前提，行为上的防变是结果，只有思想上的拒腐，才能抵制行为上的防变，如果思想上放松警惕、甘愿腐化，那么在行动上就会接受腐败、参与腐败。从根本上说，拒腐和防变是高度的辩证统一。

很多大学生认为，他们既没有权力，也没有腐败的条件和机会，腐败离他们很远，这是极其错误的认识。由此我们不难想象，假如他们有了权力，有了腐败的条件和机会，是不是就离腐败很近呢？是不是就可以腐败了呢？大学生是未来的建设者和接班人，将来走向社会、走上工作岗位，是各行各业的领导者、管理者和建设者，如果他们没有拒腐防变的能力，其后果是不堪设想的。在现实的大学生活中，很多学生就是因为没有拒腐防变能力，从而走上违纪甚至违法的道路。如前所述，大学生的从众心理、侥幸心理和逐利心态导致违纪违规行为的发生，这就是思想上做不到拒腐的结果，此类事例不胜枚举。因此，加强大学生的拒腐防变能力教育就显得尤为必要，而且更加紧迫。

加强大学生的拒腐防变能力教育，就是要教育大学生如何识别腐败、如何预防腐败以及如何拒绝腐败，这更多地体现为实践能力的教育，可以从以下几个方面入手：首先，让大学生深入了解校园的腐败行为。在大学生活中，考试作弊、学术不端、弄虚作假等是常见的校园腐败行为，通过教育让学生了解这些腐败现象为什么发生、怎样发生，掌握拒绝腐败行为发生的能力，使他们明辨是非、分清廉耻，不断增强拒腐防变能力。其次，要教育大学生了解社会的腐败行为。虽然在校大学生与社会上的腐败问题关系不大，但大学生是未来的社会工作者，让他们提前了解社会上走后门、找靠山、拉关系、贪污受贿等腐败行为，以及掌握如何抵制这些行为发生的能力，对他们将来走上社会避免"被围猎"具有重要的现实意义，这也是人社会化的必要条件。最后，鼓励大学生积极参与反腐倡廉实践。让大学生了解纪检监察机构的组成和运行情况，掌握举报腐败行为的途径和方法，通过参与反腐倡廉实践，不断提高大学生的拒腐防变能力。

## 第二节　大学生廉洁教育的方法

大学生廉洁教育方法是廉洁教育的基本要素，在廉洁教育过程中起到桥梁和纽带作用，是实现廉洁教育目标的重要手段。大学生廉洁教育方法既包括思想政治教育通用的方法，也包括基于廉洁教育特殊功能的方法。大学生廉洁教育方法要取得效果的最大化，必须遵循既定的基本原则，体现方法运用的可行性、科学性和艺术性。

### 一、大学生廉洁教育方法概述

（一）大学生廉洁教育方法的内涵

方法是指为了实现某种目标而采取的手段、策略等。大学生廉洁教育方法是指在廉洁教育活动过程中，为了实现廉洁教育目标而采取的各种手段、策略的总和。具体来说，廉洁教育方法要以完成廉洁教育任务、达成廉洁教育目标为指向，是廉洁教育主体结合廉洁教育对象和内容实际而采取的恰当的手段、策略。在大学生廉洁教育活动过程中，方法并非单独使用，而是组合式的使用，包括显性的方法和隐性的方法、直接的方法和间接的方法等。正确的、合适的方法能够提高廉洁教育效率，实现廉洁教育目标的最大化。

### （二）大学生廉洁教育方法的特点

因为大学生廉洁教育是高校思想政治教育的重要组成部分，很多方法和思想政治教育方法相类似，但也有自身的特点，这是由廉洁教育内容、目标、要求等方面的特殊性所决定的，因此，有必要对大学生廉洁教育方法进行特点分析。一是知识性和价值性相结合。大学生廉洁教育的目的是强化大学生的廉洁自律意识，增强拒腐防变能力和形成正确的廉洁价值观。这与以理解、掌握和运用科学文化知识为目标的智育有着较大的区别，廉洁教育更多地体现在提高大学生的廉洁素质、廉洁能力和廉洁价值信念等方面。廉洁教育以理解和掌握廉洁知识为基础和前提，通过内化廉洁知识以形成廉洁信念和价值判断为落脚点，以外化的廉洁行动为归宿点，这就需要在廉洁教育过程中，既要加强廉洁的知识性教育，讲清廉洁的知识和理论，也要结合大学生的思想和心理发展需要注重价值引领，帮助大学生树立正确的廉洁价值观，实现廉洁教育知识性和价值性的统一。二是工具性和人格性相结合。廉洁教育的路径和方法都具有多样性，这就决定了大学生廉洁教育方法要不断创新，借助现代新媒体新技术丰富和发展廉洁教育的方式方法，提升廉洁教育的亲和力，激发大学生的学习动力。同时，要发挥廉洁教育主体的人格魅力，特别是将廉洁道德品质融入到廉洁教育的具体实践中，借助人格力量潜移默化地影响大学生，成为大学生的廉洁榜样，使大学生在润物无声中形成正确的廉洁观念和廉洁素养。三是普适性和特殊性相结合。由于大学生廉洁教育是高校思想政治教育的重要组成部分，在教育方法的运用上和思想政治教育方法是相通的，很多方法可以直接运用思想政治教育的方法，如说理教育法、榜样示范法、心理疏导法等，具有普适性。但基于廉洁教育的特殊功能，在方法的运用上也有其特殊性，如警示教育法、案例分析法等，在大学生廉洁教育中就有其独特的作用和意义。因此，在大学生廉洁教育的方法运用中，要注重普适性方法和特殊性方法的有机结合，才能取得预期的教育效果。四是整体性和层次性相结合。大学生廉洁教育的有些方法可以适用到所有的大学生，如榜样示范法、心理疏导法等，这些方法可以整体运用。但大学生在认知能力、道德水平、年级阶段等方面存在差异，这就要求廉洁教育方法的运用也要注重层次性，如大学新生更需要了解和掌握廉洁知识，宜采用的是除了整体性教育方法以外的廉洁知识传授法，而临近毕业时则更宜采用警示教育法、案例分析法，以达到职业警示教育之目的。

（三）大学生廉洁教育方法的使用原则

大学生廉洁教育方法的使用受到廉洁教育内容、教育主体、教育对象、教育过程、教育环境等多因素的影响，因此，在廉洁教育方法的选择上，要遵循以下基本原则：一是遵循廉洁教育的客观规律。既要遵循大学生廉洁教育各要素的内在联系，也要遵循大学生廉洁素养的形成和发展规律。对大学生廉洁教育各要素之间关系的认识，有助于全面把握其具体情况选择适宜的教育方法。对大学生廉洁素养形成和发展规律的认识，有助于根据客观规律和要求选择适合的廉洁教育方法。二是体现廉洁教育方法的针对性。要针对不同层次的大学生、不同的具体问题和不同的发展需要等采取不同的教育方法，这样才能体现"因材施教""对症下药"。如对于存在考试作弊、学术不端等行为的大学生，不仅要加强批评教育，还要按照校纪校规进行严肃处理，强化惩戒和警示作用。三要注重廉洁教育方法的创新性。大学生的思想和心理发展具有动态性，廉洁教育的环境在不断地发展变化，廉洁教育的内容也在不断地丰富和拓展，要使廉洁教育取得实效，就必须注重廉洁教育方法的创新，即借助新媒体新技术或运用最新的研究成果来创新廉洁教育方法。四要强化廉洁教育方法的实效性。要把能否取得教育实效作为检验教育方法适合与否的重要尺度，只有与廉洁教育主体、廉洁教育目标、廉洁教育内容、廉洁教育对象和廉洁教育环境相适应的方法，即能够取得廉洁教育效果最大化的方法，才能称得上是有用的廉洁教育方法。

## 二、大学生廉洁教育的基本方法

### （一）廉洁理论灌输法

廉洁理论灌输法是指廉洁教育主体根据廉洁教育目标要求，向大学生传授廉洁廉政理论知识，引导大学生在理论知识理解和运用的基础上树立廉洁价值观的方法，"主要包括理论讲授、理论学习、理论宣传、理论培训、理论研讨等具体形式"①。廉洁理论灌输法是大学生廉洁教育最基本的方法，也是最常用的方法。

廉洁理论灌输法的理论依据是马克思主义灌输理论，列宁曾在其著作《怎么办?》中提出："工人本来也不可能有社会民主主义的意识，这种意识只能从外面灌输进去。"② 这说明工人原来并不了解和掌握社会民主主义这种先进的政治意识，要让工人形成这种先进的政治意识，就必须依靠教育、宣传、学习等方式加以灌输。大学生廉洁意识的形成，同样需要理论灌输教育法，因为大学生不可能不学而知、不教而会，特别是意识这种人脑对客观世界的反映，必须建立在科学的世界观和方法论之上，而科学的世界观和方法论就是正确的思想和理论，只有正确的思想和理论，才能指导人们正确地认识和改造世界。在复杂多变的当今时代，则更需要科学的思想和理论来指导，并发挥主流意识形态作用，从而有效促进大学生认

---

① 陈万柏，张耀灿. 思想政治教育学原理（2 版）［M］. 北京：高等教育出版社，2007：222.

② 列宁选集：第 1 卷［M］. 北京：人民出版社，1995：317.

识世界、适应环境和发展自己。具体到大学生的廉洁教育，只有向他们灌输科学的廉洁思想和理论，才能使他们正确地认识什么是廉洁、什么是腐败、如何做到廉洁自律等。由此可见，通过理论来武装人，是新时代廉洁教育的基本理念。

大学生成长于经济快速发展、反腐倡廉成效显著的新时代，这让廉洁理论灌输的自信顺理成章。另外，随着全面从严治党的深入推进，开展大学生廉洁教育，应该更容易被认同和接受。在大学生廉洁教育中，要有效运用廉洁理论灌输法，就必须注意以下几点：一是注重发挥大学生的主观能动性。新时代的大学生主体意识更加明显，他们对教师传授的思想和理论体现为主动认识、自主选择和自我接受。因此，我们不能把大学生当作是放置廉洁思想和理论的容器进行随意灌输，而是采取更有利于大学生学习和接受的廉洁理论灌输形式。二是注重理论联系实际。要结合新时代大学生的学习和生活实际、思想和心理实际，引导他们运用马克思主义廉洁观、新时代反腐倡廉思想来观察腐败现象、分析腐败问题和解决廉洁问题，要坚持正面说理、以理服人。三是教育者必先受教育。要想用科学的廉洁思想和理论武装大学生，教育者就必先用这个思想和理论武装好自己，因为廉洁理论灌输法不仅要求教育者能够全面准确地理解和把握廉洁思想和理论体系，而且要求教育者成为廉洁思想和理论的坚定信仰者、忠诚实践者。只有这样，才不至于在廉洁教育过程中出现望文生义、断章取义，导致大学生出现思想认识上的混乱和价值观上的模糊。

（二）廉洁实践锻炼法

廉洁实践锻炼法是指廉洁教育主体按照廉洁教育的目标要求，组织大学生参加各种廉洁教育实践活动，通过廉洁实践活动引导他们不断增强廉洁意识和提高拒腐防变能力。

廉洁实践锻炼法的理论依据是马克思主义实践观。马克思主义实践观认为，"社会实践是人的正确思想形成发展的源泉，是人的思想发展的动力，是人的思想认识的目的，也是检验人的思想观念是否正确的唯一标准"①。可见，廉洁实践锻炼法是大学生形成正确廉洁观的必由之路，对培养大学生的廉洁素养具有重要意义。一是有助于提高大学生对廉洁思想的认识能力。实践锻炼的过程，就是大学生把包括廉洁行为规范在内的理论付诸实践的过程，大学生通过参加廉洁教育实践活动，对廉洁理论进行了检验，学会了明辨是非、分清廉耻，从而不断增强廉洁自律意识，形成正确的廉洁价值观，并提高拒腐防变能力。二是有助于大学生形成言行一致的道德品质。衡量一个人是否清正廉洁，关键是要看他如何拒绝腐败，因为人的廉洁素养不仅要通过反复的实践锻炼才得以形成和发展，而且还要通过实践锻炼才能体现出来。通过引导大学生在廉洁教育的实践活动中反复践行廉洁道德规范，对促进他们形成正确的廉洁价值观和提高拒腐防变能力具有重要的现实意义。三是有助于强化廉洁教育效果。廉洁实践锻炼法为大学生将理论与实际相联系提供了现实可

---

① 陈万柏，张耀灿. 思想政治教育学原理 [M]. 北京：高等教育出版社，2007：224.

能，大学生在廉洁实践活动中，把已经形成的廉洁认识转化为观察和处理廉洁问题的立场、观点和方法，推动廉洁情感上升到廉洁意志，促进廉洁认知转化为廉洁行为，进而不断强化廉洁教育的效果。

在运用廉洁实践锻炼法时，要注意以下几点：一是选择合适的廉洁实践锻炼方式。即要结合大学生的不同层次、具体的教育内容和教育目标等因素来选择。如对大学生党员进行廉洁实践锻炼，其要求就会更高，可以通过组织他们深入社区、单位开展党规党纪宣传教育活动，这就要求学生党员对党规党纪有系统的知识储备和准确的理论解读。二是廉洁实践锻炼要持之以恒。高校要经常性地开展廉洁教育实践活动，使大学生在反复的实践锻炼中不断提高廉洁认知，并将廉洁行为规范转化为廉洁信念，最终形成正确的廉洁价值观。三是建设廉洁实践锻炼教育平台。如建立大学生廉洁教育基地、大学生廉洁教育社团、大学生廉洁教育网站等，为开展线上、线下丰富多彩的廉洁教育实践活动创造条件，确保大学生廉洁实践活动的常态化、制度化开展，提高廉洁教育的互动性和趣味性，发挥廉洁实践锻炼在增强廉洁意识和提高拒腐防变能力方面的独特作用。

（三）廉洁警示教育法

廉洁警示教育法是指通过课堂剖析腐败典型案例、观看廉政警示教育影音、旁听法院公开审判腐败案件、到看守所或监狱听腐败犯罪人员"现身说法"等途径对大学生进行的廉洁教育方法。这会让大学生在廉洁警示教育中以案为鉴、警醒反思、深刻认识腐败行为将给个人和家庭带来的危害，从而促进大学生"知敬畏、存戒惧、守底线"，在思想上筑起拒腐防变的"防火墙"，确保他们走上工作岗位后不敢腐、不想腐。警示教育法是廉洁教育特有的教育方法。

习近平总书记高度重视廉洁警示教育工作，强调要深入剖析严重违纪违法干部的典型案例，发挥警示、震慑、教育作用。由此可见，警示教育的作用是多重的，效果也是显著的。警示教育对大学生的廉洁教育同样具有警示、震慑、教育等作用。一是警示大学生不想腐。在大学阶段，大学生的腐败和违纪行为虽然危害不大，但如果不加以根治，将容易导致大学生走上工作岗位以后滋生更大、更多的腐败行为。因此，廉洁警示教育能够警示大学生不想腐。二是震慑大学生不敢腐。通过廉洁警示教育，震慑大学生在大学阶段不敢违反学术道德、不敢考试作弊、不敢弄虚作假等，也震慑大学生走上工作岗位后不敢腐。三是教育大学生树立正确的廉洁价值观。通过开展廉洁警示教育，让大学生深入了解腐败动机、腐败类型、腐败后果等，认识到保持清正廉洁的重要性和必要性，不断增强廉洁自律意识，从而树立起正确的廉洁价值观，不断提高拒腐防变能力。

对大学生进行廉洁警示教育，应遵循以下要求：一是廉洁警示教育案例的选择要符合大学生的实际。不是所有的腐败案例都能够拿来警示大学生，而是要结合大学生的思想特点和心理需求，选择对大学生真正具有警示、震慑和教育作用的腐败案例，避免因乱用警示案例而对大学生的思想和心理造成负面影响。二是开展廉洁警示教育要注意针对性。即对不同的学生群体、不同的年级阶段、不同的学科专业等进行廉洁警示教育要有所区别，体现教育的针对性。如对即将毕业的大学生，就要选择与其就业和职业相关的腐败案例进行警示教育，对大学新生进行的廉洁警示教育，就宜选择与大学生学习生活相关的腐败案例。三是廉洁警示教育要经常性开展。如果在整个大学阶段只开展一两次的廉洁警示教育，其效果和意义并不大，因此，要建立大学生廉洁警示教育的常态化机制，持续发挥警示教育在大学生廉洁教育中的独特作用，对于促进大学生增强廉洁意识、树立正确廉洁价值观和提高拒腐防变能力具有重要的现实意义。

（四）廉洁榜样示范法

廉洁榜样示范法是指以具有廉洁榜样性、示范性的典型人物及其事例对大学生进行示范和引导，发挥典型人物的示范和感染作用，帮助大学生学习榜样、模仿榜样，向榜样看齐，进而提高廉洁思想境界和规范自身廉洁行为的教育方法。"大多数人类行为是通过对榜样的观察而获得的"①，由此可见，榜样是人们学习生活中不可或缺的重要元素，廉洁榜样示范法是大学生廉洁教育的基本方法之一。特别是在信息复杂多变、文化价值多元的现代社会，更需要发挥廉洁榜样的示范作用对大学生进行廉洁教育，给他们提供正确的价值引导，推动形成崇尚廉洁的社会风尚。

---

① A. 班杜拉. 思想和行为的社会基础——社会认知论（上册）［M］. 林颖，等，译. 上海：华东师范大学出版社，2001：63.

"榜样表现出观察者原本不具备的新的思想模式和行为模式,通过观察,观察者也能形成同样形式的思维和行为。"① "榜样对人们思想行为的影响,是一个包括注意、保持、运动再现和动机作用四个环节的观察学习过程。"② 其中,观察是首要环节,决定着学习的方向和对榜样示范信息的筛选、吸收,因此,要引起学习对象的关注和模仿,就必须在榜样的形象塑造上下功夫,突出榜样个人特征和思想行为的可辨别度、可信任度,即对榜样信息的处理和呈现要具有可借鉴、易识别、能信任等基本特征,只有这样,榜样的宣传才具有权威性和吸引力,才能让大学生在潜移默化、润物无声中被榜样同化,进而达到最佳的教育效果。

运用廉洁榜样示范法对大学生进行廉洁教育,要注意以下几点要求:一是榜样的选择和宣传要实事求是。具体来说,就是对榜样人物及其事迹的选择和宣传要真实、可信,避免"高大上"的形象塑造和虚化宣传,这样才能通过榜样力量发挥价值导向作用,才能让大学生可学、愿学。二是要发挥大学生身边廉洁榜样的示范作用。近年来,各地各高校都大力开展"勤廉榜样"评选活动,这是很好的社会风气,对反腐倡廉建设起到重要的推动作用。通过评选和宣传大学生身边的"勤廉榜样",不仅有利于营造廉洁的校园文化,更重要的是这些榜样就在大学生身边,对他们的廉洁示范和引领作用

---

① A. 班杜拉. 思想和行为的社会基础——社会认知论(上册)[M]. 林颖,等,译. 上海:华东师范大学出版社,2001:49.

② 陈万柏,张耀灿. 思想政治教育学原理(2 版)[M]. 北京:高等教育出版社,2007:226.

不容小觑。三是要立体化宣传廉洁榜样。随着新媒体时代的到来，大学生获取信息的途径发生了重大变革，"两微一端"成为大学生了解社会、获取信息的主要途径和平台，高校应顺势而为，借助网络新媒体评选和宣传廉洁榜样，让廉洁榜样与大学生零距离接触和互动，提高大学生的参与度。四是廉洁教育主体要成为廉洁榜样。我们不难想象，如果教育者本身就不廉洁，不仅他说的话、做的事不可信，而且还会起到反作用，遭到学生的排斥。因此，教育者首先要洁身自好，当好廉洁榜样，这是最基本的要求。

（五）廉洁自我教育法

廉洁自我教育法也是大学生廉洁教育的重要方法。它指的是大学生按照廉洁教育的目标要求，通过自我学习、自我约束、自我反省等方式，主动接受和内化廉洁理论知识、廉洁价值观念、廉洁行为规范等，以不断提高自身的廉洁思想认识和廉洁自律意识的方法。

大学生廉洁教育效果很大程度上取决于大学生的自我教育能力，如果大学生有较强的自我教育能力，他们就会更主动、更自觉、更有效地参与到廉洁教育当中来，从而取得更理想的效果。"自我教育可分为个体自我教育和集体自我教育，个体自我教育主要有加强自我修养，进行自我行为管理，具体包括自学、反省、反思、自制和自律等；集体自我教育是指在集体内部，通过成员之间的相互影响、相互激励、相互促进，让学生自己教育自己的活动方式，具体形式包括评比竞赛、讨论会、演讲会、辩论会、民主生活会等。"① 大学生的廉洁自我教育法能够帮助大学生对自身的廉洁思想和行为进行准确定位、清晰判断和客观评价。

开展大学生廉洁自我教育，要注意以下几点：一是善于激发自我教育动机。追求公平公正是新时代大学生重要的价值取向，这就是大学生的内在动机，而公平公正需要每个人遵守规则、共同反对"潜规则"，廉洁教育主体要以此为自我教育的动力源泉，激励大学生不断实现自我发展、自我完善。二是营造良好自我教育环境。结合自我教育的不同形式，开展丰富多彩的廉洁教育活动，努力营造公平正义、清正廉洁的自我教育环境，不断提高大学生的自我教育质量。三是有机融合个体自我教育和集体自我教育。以集体的组织建设为切入点，建设公平公正、团结和谐的集体，使每个学生都能在集体中受到感染和熏陶，并在集体性的廉洁教育活动中引导每个学生明确廉洁修身的目标和方法，推动形成既合乎集体又合乎个人的廉洁道德规范和廉洁行为习惯。

（六）廉洁心理辅导法

大学生廉洁心理辅导法是指高校廉洁教育主体通过语言、文字等交流媒介，针对大学生在廉洁思想、廉洁心理和廉洁行为等方面出现的认识问题，提供相关的心理咨询、意见建议和价值引导，帮助大学生端正廉洁态度、增强廉洁情感和巩固廉洁行为的教育方法。

---

① 陈万柏，张耀灿. 思想政治教育学原理（2版）［M］. 北京：高等教育出版社，2007：225.

廉洁心理辅导法也是较为常用的廉洁教育方法，是培育大学生廉洁素养的客观要求。

大学生廉洁素养的形成和发展，是由主观因素和客观因素共同作用的结果。在这个过程中，由于大学生的知识能力有限、社会阅历不足等原因，很容易出现价值迷茫、心理苦恼、选择困难等障碍，这就需要廉洁教育主体提供及时有效的帮助和引导。如有的大学生看到别人通过考试作弊、学术造假等方式获得奖励或升学机会，就会愤愤不平，甚至也想通过同样的方式获得好处才能心理平衡，但又担心被发现处理，想举报又怕被报复，此时就难免会出现心理困惑，迫切需要心理辅导，以帮助他们走出心理困境。

运用廉洁心理辅导法，要注意几点要求：一是要构建良好的人际关系。即建立廉洁教育主体和大学生之间良好的人际关系，廉洁教育主体要努力营造宽松和谐、民主平等的交流氛围，让大学生彻底放下心理包袱，为有效辅导创造良好条件。二是集体辅导与个体辅导相结合。既采取课堂教学的方式对大学生进行集体化廉洁心理辅导，也采取个别谈话方式对大学生进行个性化的廉洁心理辅导，以实现两者的有机结合。三是走专业化心理辅导之路。目前很多高校的心理健康教育中心都承担着大学生的心理辅导任务，为与大学生廉洁教育有效衔接，高校要推动廉洁教育主体同时成为称职的心理咨询教师，也要让心理咨询教师掌握廉洁教育的相关知识和基本方法，共同构建专业化的廉洁心理辅导体系。

第六章

# 新时代大学生廉洁教育的主体和载体

## 第一节 大学生廉洁教育的主体

大学生廉洁教育的教育者和受教育者，都是具有主体性的人。教育理论界把教育者和受教育者称为教育的"双主体"已成共识，但在现实教育情境中，教育者具有主导作用，是确保教育有效开展的重要保障。为方便论述，本章把廉洁教育主体确定为教育者（施教者）。

### 一、大学生廉洁教育主体概述

（一）廉洁教育主体的内涵

当前，不管是理论研究领域还是教育实践领域，对高校廉洁教育主体的认识还存在不少偏差，有的认为廉洁教育主体就是"两课"

教师，有的认为廉洁教育主体是辅导员队伍，有的认为廉洁教育主体是教育者和受教育者，也有的认为以上都是，特别是在当前"全员育人"教育理念推动下，认为所有的高校教师都是廉洁教育的主体。这几种说法均是从不同的角度界定，各有其合理性。但是，当我们对廉洁教育主体存在模糊认识时，就难以明确主体的责任，容易陷入主体迷失和主体责任淡化的境地，不利于高校廉洁教育的开展，因此，理清廉洁教育主体和明确其职责使命，是有效开展大学生廉洁教育的重要前提和基础。

综合相关研究成果和实践经验，大学生廉洁教育主体的内涵可以这样界定：大学生廉洁教育主体是在廉洁教育活动过程中发挥主导作用，协调廉洁教育其他要素关系并推动廉洁教育进程，以实现廉洁教育目标为导向的高校教育工作者。这主要包括三个层面的含义：一是廉洁教育主体只有在廉洁教育过程中才能得以明确；二是廉洁教育主体在廉洁教育活动中起到主导作用，这就要求他们具备高素质的综合能力；三是廉洁教育主体具有能动作用，其能动作用的发挥程度直接关系到廉洁教育的实际效果。

（二）廉洁教育主体的特点

从其内涵可以看出，大学生廉洁教育主体具有以下特点：一是目标计划性。廉洁教育主体根据国家和社会发展要求，对大学生进行有目的、有计划地施加廉洁教育影响的实践活动，廉洁教育主体在活动中是主导者，掌控和规划着教育活动的进程，所以目标的计划性保障了廉洁教育的实施方向。具体表现在，廉洁教育主体所开展的活动既是以实现廉洁教育目标为导向，也是严格按照廉洁教育的系统性、层次性、递进性等特征规律来进行的。二是素质综合性。廉洁教育主体要在廉洁教育活动中发挥主导作用，必然要求他们不仅要具备高尚的道德情操、丰富的知识储备、高超的教育技能和较强的科研能力，而且还要具备能够将这些素质内容传授给大学生的能力。三是自主创新性。作为廉洁教育的组织者、领导者和发动者，廉洁教育主体必须具备自主选择的能力和开放创新的心态，才能探索出廉洁教育的发展规律，协调好廉洁教育各要素之间的关系，与时俱进地锻造自己的廉洁教育个性，有效应对复杂多变的教育环境。

（三）廉洁教育主体的角色

除了上述廉洁教育主体作为廉洁教育的组织者、领导者、发动者之外，大学生廉洁教育主体还扮演以下角色：一是廉洁教育的研究者。这是高校廉洁教育主体特有的任务和优势，基于科学研究是高校教师的职责所在，廉洁教育主体应充分利用廉洁教育资源和优势，努力探究廉洁教育新方法、发现廉洁教育新规律、设计廉洁教育新内容等，以不断满足大学生的实际需要，不断提高廉洁教育实效。二是清正廉明的形象代言人。廉洁教育主体不仅是主导教育过程的教师，其本身也是重要的教育素材。正如《论语·子路》所言："其身正，不令而行；其身不正，虽令不从。"尤其是对于廉洁教育这种特殊的实践活动，教师的示范作用更加明显，甚至会影响到廉洁教育的效果。因此，高校廉洁教育主体要严于律己、公正廉明，坚持做到"以德立身、以德立学、以德施教"①。发挥自身在廉洁自律方面的模范作用，以言行示范和廉洁形象帮助大学生树立正确的廉洁价值观。

## 二、大学生廉洁教育主体的素质

大学生廉洁教育主体素质的高低，直接关系到廉洁教育质量的高低，大学生廉洁教育主体除了要具备高校教师的基本素质之外，还因廉洁教育工作的特殊性，具有自身的特殊要求。确立大学生廉洁教育主体素质，有助于我们明确其素质要求和结构层次，有助于我们加强廉洁教育主体的队伍建设。大学生廉洁教育主体的素质结构是由多个层面组成的开放性系统，主要包括思想道德品质、知识素养、教育技能和廉洁自律等要素，每个要素下又有更小的要素层次。

### （一）思想道德品质是核心要素

大学生廉洁教育主体的思想道德品质包括坚定的政治立场和高尚的道德品质，思想道德品质在其素质结构中居于统领地位，这是由廉洁教育的政治性、道德性和纪律性等特征所决定的，如果廉洁教育主体的思想道德品质出现问题，不仅损害了廉洁教育主体的自身形象，而且会让人质疑廉洁教育的合理性，更影响到大学生廉洁教育的效果。因此，我们把思想道德品质作为高校廉洁教育主体素

---

① 习近平. 把思想政治工作贯穿教育教学全过程 开创我国高等教育事业发展新局面 [N]. 人民日报，2016 - 12 - 09（1）.

质的核心要素，以统领其他要素共同发挥作用。廉洁教育主体的思想道德品质，按照不同的层次可以划分为作为社会人的基本道德品质、作为教师的道德品质和作为高校廉洁教育工作者的道德品质三个层面。由此可见，廉洁教育主体不仅要有作为社会人应该具备的遵纪守法、诚实守信等公民道德品质，而且要有作为教师应该具备的爱岗敬业、为人师表等职业道德品质，更重要的是必须具备廉洁自律、公道正派等廉洁道德品质，才能在廉洁教育过程中发挥言传身教的作用，实现立德树人的根本任务，引导大学生树立正确的廉洁价值观。

（二）知识素养是基本要素

大学生廉洁教育主体的知识素养主要体现在廉洁教育的具体实践活动中，以实现高校廉洁教育的发展要求和不断完善廉洁教育主体的自身建设。这主要包括以下几个方面：一是应该具有系统的文化知识背景。在新的时代背景下，要满足大学生成长发展的需求和期待，廉洁教育主体应该具备全面而丰富的科学文化知识，只有这样，才能在廉洁教育过程中树立廉洁教育主体的良好形象，帮助大学生解决思想困惑，激发他们的学习动力。二是应该具备扎实的专业知识。廉洁教育虽然只是思想政治教育的组成部分，但也有其自身的特点和要求，高校廉洁教育主体应该具备的专业知识主要包括：中外廉洁文化理论知识、国家反腐倡廉政策理论、大学生廉洁教育基本知识等。三是应该具备大学生成长发展的相关知识。教育对象的主体性作用已经得到前所未有地发挥，廉洁教育主体应该把学生作为重要的认识对象，把具备大学生成长发展的相关知识作为自身素质结构的重要组成部分。对大学生的兴趣爱好、成长背景、思维方式等内容的全面了解和分析应用，有助于实现因材施教。四是应该具备教学的相关知识。课堂是廉洁教育的主阵地，教学是廉洁教育的主渠道，要将廉洁知识传授给大学生，廉洁教育主体必须能够准确把握和运用廉洁教育的教学情境、教学模式、教学方法等相关的教学知识。

### （三）教育技能是必然要素

教育技能是廉洁教育主体必须具备的素质内容，是廉洁教育主体将内在素质外化的必要条件，可以激发大学生的学习兴趣，提高廉洁教育的吸引力。廉洁教育主体的教育技能主要包括：一是要有良好的语言表达能力。大学生廉洁教育是高校思想政治教育的重要组成部分，表明了廉洁教育具有内在的理论性和意识形态性，要做到廉洁教育的入脑、入心，必然要求廉洁教育具有亲和力与感染力，而语言是传递亲和力与感染力的最佳媒介。正如马卡连柯（Makarenko A.）所说"同样的教学方法，因为语言不同，就可能相差二十倍"；苏霍姆林斯基（Sukhomlynsky V.）也说"教师的语言修养在极大的程度上决定着学生在课堂上脑力劳动的效率"①。由此可见，生动形象、清晰流畅的语言是廉洁教育主体的必备能力。二是要有良好的文字表述能力。大学生廉洁教育内容不仅具有理论性、

---

① 姜秀英. 思想政治理论课教师应具备的基本素质和能力 [J]. 黑龙江高教研究，2006（8）.

科学性，而且具有逻辑性、抽象性，如果只通过语言来传递是远远不够的，还需要通过直观的文字加以呈现，才能让学生了然于胸，准确、凝练的文字表述有助于提高廉洁教育主体的吸引力。三是要熟练运用现代教育技术。当前，新媒体新技术在教育领域得以广泛运用，既是顺应时代发展的客观要求，也是廉洁教育发展和大学生发展的内在需要，廉洁教育主体只有熟练运用现代教育技术，才能把廉洁教育课打造成为深受学生欢迎的"金课"，才能担当起铸魂育人的历史重任。

（四）廉洁自律是特定要素

廉洁自律是廉洁教育主体的实然状态，这是决定其能否胜任廉洁教育工作的特定要素。高校廉洁教育的目标就是培养大学生的廉洁自律意识、树立正确的廉洁价值观，正所谓"公生明、廉生威"，廉洁教育主体在廉洁教育中如果不公不廉，何来生明与生威？可见，廉洁教育主体的廉洁自律在廉洁教育中的作用不言而喻。只有廉洁教育主体自身做到清正廉洁、刚正不阿、秉公办事，做学生的廉洁表率，才能让学生既"亲其师"又"信其道"，进而感召学生模仿、赢得学生尊重，成为学生喜爱的人。

### 三、大学生廉洁教育主体素质的提升策略

在高校廉洁教育的具体工作中，廉洁教育主体队伍主要由"两课"教师和辅导员组成，虽然这个队伍大部分都接受了专业化的思想政治教育，具备了较为丰富的思想政治工作经验，但具体到廉洁

教育领域，大学中也尚未设置专门的廉洁廉政教育专业或者研究方向，可以说他们大多都是"半路出家"，在实际工作中也很少接受过与廉洁教育相关的知识和技能培训。因此，要体现廉洁教育主体的专业化和职业化，必须让这个队伍接受系统的廉洁教育知识和技能培训，以不断提高廉洁教育主体的综合素质与能力。

（一）在大学设置廉洁廉政教育专业或研究方向

通过对全国部分师范大学和研究型大学的研究生招生简章的文本调查发现，在思想政治教育学相关的专业设置上，目前尚无廉洁廉政教育专业或研究方向，也就是说在研究生教育层次，还没有哪所大学设置有廉洁廉政教育专业或研究方向。在全面从严治党不断引向深入的新时代，有必要在大学思想政治教育学科下设置廉洁廉政教育专业或廉洁廉政研究方向，并加大这方面的人才培养力度，为全国各地高校输送具有廉洁廉政教育背景的师资力量，以发展壮大廉洁教育主体队伍。同时，不断加强廉洁廉政教育研究，为廉洁廉政教育学科的建立奠定坚实的理论基础。通过这样的方式，可以有效提升廉洁教育主体的素质和能力。

（二）加强高校廉洁教育主体的岗位培训力度

岗位培训是提升廉洁教育主体素质的重要环节，既是为了补偿廉洁教育主体在廉洁教育知识和能力方面的先天不足，也是为了促进廉洁教育主体适应时代发展和满足学生需要的必然选择。为此，高校应建立和完善廉洁教育主体素质提升培训体系。一是建立纵向的廉洁教育主体培训工程。从教育部、地方政府、高校三个层面来规划建立廉洁教育主体培训工程，教育部负责组织开展全国性的主体培训，遴选优秀的廉洁教育主体参加国家级的培训，以培养专家型的廉洁教育主体为目标，其目的是让他们接受国家级培训后，回到地方能够再给其他廉洁教育主体进行培训；地方政府主要是指省级的教育行政部门，主要负责对本行政区内高校的廉洁教育主体进行轮训，实现区域廉洁教育主体的全方位培训；高校层面的岗位培训主要是对本校廉洁教育主体的培训，其优势是能够结合本校学生和廉洁教育主体的实际，培训更具灵活性、针对性和实效性。二是采取多维度的培训模式。首先，要改变传统的经验灌输方式，创新融合廉洁廉政文化和新时代反腐倡廉思想理论，开发出系列化的培训教程；其次，运用新媒体新技术创新培训载体，实现全方位的素质提升，既有专题性的理论讲座，也有实践性的技能训练，更要有情境性的自我反思。三是培训内容要系统全面。培训内容具体包括：以转变教育思维和观念的廉洁教育理念培训，以丰富廉洁教育理论的知识培训，以提高廉洁教育驾驭能力的方法培训，以增强廉洁教育成就感的心理培训，以提升廉洁教育艺术的语言培训等。总之，岗位培训要以提高廉洁教育主体的师德和专业水平为核心，以提高廉洁教育主体的理论素养为基础，创新培训方法、强化科研支撑、完善制度保障，不断提高廉洁教育主体岗位培训的质量和效果。

（三）廉洁教育主体要加强自我培育

自我培育是提升廉洁教育主体素质的重要途径，是廉洁教育主体实现自身价值和追求的重要前提。只有通过加强自我培育，才能实现外在要求转化为内在需要，为廉洁教育主体素质的提升提供动力条件。一是通过廉洁教育和科研的有机结合来提升素质，形成对自身内外两方面的强化。廉洁教育主体要深入研究教育对象、教育内容、教育方法等，不断丰富和更新廉洁教育知识，解决廉洁教育过程中存在的问题，发现廉洁教育的内在规律等，做到廉洁教育的与时俱进，提升自身的素质和能力。为此，高校应创设廉洁教育科研环境，为廉洁教育主体提供相关的研究平台，激发廉洁教育主体的内驱力。二是通过廉洁教育实践与反思来提升素质。部分廉洁教育主体存在消极懈怠心理，长期使用固定的廉洁教育教案和流程，这不仅难以获得理想的教育效果，也不利于自身素质的提升。教育对象、教育环境、时代背景等都在不断地发展变化，这就要求廉洁教育主体结合实践进行教育反思，才能做到"因事而化、因时而进、因势而新"，在教育实践中不断提升自身素质和能力。三是通过加强政策理论学习来提升素质。廉洁教育本身具有很强的政治性、理论性和时代性。要胜任廉洁教育工作并有成就感、获得感，廉洁教育主体必须加强政策理论学习，准确把握新时代反腐倡廉的方针政策，并及时传授给学生。同时，要加强政治学、教育学、心理学等相关学科的理论学习，将最新的学科交叉研究成果运用到廉洁教育实践当中。在这个过程中，廉洁教育主体的素质和能力必然得以不断提升。

## 第二节　大学生廉洁教育的载体

在新时代，廉洁教育的主客体及其身份正呈现出多样化发展态势，创造覆盖面更广、承载力更大、操作性更强的载体，是廉洁教育创新发展的迫切要求。转变过去把载体归属于方法论的错误认识，科学界定大学生廉洁教育载体，明确其内涵、特点和形态，是正确选择和运用载体，发挥载体在增强廉洁教育有效性和针对性的理论前提。

### 一、大学生廉洁教育载体的内涵

载体源自化学领域，指的是能够贮存、携带其他物体的事物。《现代汉语词典》对载体的定义如下："①科学技术上指某些能传递能量或运载其他物质的物质。如工业上用来传递热能的介质，为增加催化剂有效表面，使催化剂附着的浮石、硅胶等都是载体。②承载知识或信息的物质形体：语言文字是信息的载体。"① 第二个释义是载体的引申义，目前被广泛运用于人文社会科学研究当中，但不同学科对载体的内涵界定和运用有很大差别。如在思想政治教育领域，载体的内涵是："在实施思想政治教育的过程中，能够承载和传

----

① 中国社会科学院语言研究所词典编辑室 . 现代汉语词典 ［M］. 北京：商务印书馆，1996：1568.

递思想政治教育的内容或信息，能为思想政治教育主体所运用，促使思想政治教育主客体之间相互作用的一种活动形式和物质实体。"① 大学生廉洁教育属于思想政治教育范畴，基于此，我们可以把大学生廉洁教育载体的内涵界定为：在开展大学生廉洁教育活动过程中，廉洁教育主体用于承载和传导廉洁教育内容信息，促进廉洁教育主客体有效互动的符号系统或物质实体。

从大学生廉洁教育载体的内涵可以看出，载体得以确认，必须具备三个条件：一是能够承载和传导大学生廉洁教育信息；二是能够被纳入大学生廉洁教育的实施过程中，并被廉洁教育主体所掌控；三是能够有效连接大学生廉洁教育的主客体并促进彼此互动。通常情况下，人们总是把载体和方法混淆起来，其实这是错误的认识，虽然两者都是教育活动不可或缺的组成要素，都是联系教育主客体的纽带，但有着本质的区别，方法不能承载和传导教育信息，而载体则能够承载和传导教育信息，方法的运用必须借助载体，但方法在某种程度上会制约载体的选择。

### 二、大学生廉洁教育载体的特点

从大学生廉洁教育载体的内涵分析中，我们也发现大学生廉洁教育载体具有以下几个特点：一是承载性。即大学生廉洁教育载体承载着社会对大学生所要求具备的廉洁意识、廉洁价值观、拒腐防

---

① 张耀灿，郑永廷，吴潜涛，等. 现代思想政治教育学［M］. 北京：人民出版社，2006：392.

变能力等廉洁教育内容信息。这些廉洁教育的内容信息，只有通过载体加以呈现，才能被大学生所感知，也只有通过载体作用的发挥，才能实现传播与交流，从而对大学生产生积极影响。二是传导性。即大学生廉洁教育载体在廉洁教育活动中具有介质特性。既是联系教育主客体之间并促进主客体相互作用的纽带，又是能够被主客体所选择且反作用于主客体的桥梁，也是将外化的廉洁教育内容信息传导给廉洁教育客体并促其内化的中介。三是可控性。即大学生廉洁教育载体能够被廉洁教育主体所管控。为了实现廉洁教育目标，廉洁教育主体必然要能够管控包括廉洁教育载体在内的廉洁教育要素，廉洁教育载体作为外显的符号系统或物质实体，理所应当也能够被廉洁教育主体所认知和把握，对廉洁教育载体的恰当选择，就是其可控性的突出表现，有利于提高大学生廉洁教育实效。

### 三、大学生廉洁教育载体的形态

大学生廉洁教育载体的表现形态丰富多彩，学界从不同视角对其分类标准也见仁见智。既然载体是以符号系统或物质实体而存在，为了最大限度地涵盖载体类型及其基本形式，本书以载体的物质样态和发展历史为视角，对大学生廉洁教育载体进行如下划分和解读。

（一）语言载体和行动载体

1. 语言载体

语言既是人类社会最重要的交际工具，也是人类最基本的信息载体。语言可分为口头语言和书面语言，那么，语言载体也可分为口头语言载体和书面语言载体。对于大学生廉洁教育来说，口头语言载体是最重要的廉洁教育载体。廉洁教育主体通过语言载体，将廉洁教育信息传播给大学生，即可实现廉洁教育的目的，口头语言载体以其便捷性、生动性、直接性等优势成为最常用、最普遍的廉洁教育载体，不仅可以独立使用，也可以结合其他载体使用。当然，口头语言载体也不是万能的，由于口头语言属于听觉载体，信息传播的即时性和共时性会受到时空的限制，容易导致信息传播不广、留存不久等问题。因此，在使用口头语言载体时，要讲究语言表达的生动性、丰富性和思想性等，以强化口头语言的传播效果。书面语言载体也叫文字载体，是人们交流思想、表达情感的重要载体，与口头语言载体不同，文字载体具有延时性、历时性、准确性等特点，大学生廉洁教育的文字载体可以将教育信息长期保存，并可以长久传播。同时，由于文字载体表达的延时性和传播的历时性，使得教育信息更为准确和深刻，但也有不足之处，如传播速度不快、范围不广等，还需教育主客体具备相应的文化知识。特别是读图时代的到来，语言载体也会受到极大的冲击，廉洁教育主体要学会综合运用。总之，运用语言载体要结合实际，做到扬长避短和因时因地制宜。

2. 行动载体

行动也是表达思想信息的重要载体，行动和语言共同构成了人的思想内容的基本反映形式。行动载体主要是通过具体的实践活动来表现，具有以下三个特点：一是客观实在性。行动是人们以客观物质为条件和手段，对客观世界进行改造的过程，行动的过程、广度、深度、后果等都不以人的意志为转移，而是受客观条件和客观规律的制约与支配。二是主观能动性。行动是人们有意识、有目的的动作与行为，集中体现了人的主体性、自觉性和创造性。三是社会历史性。人的行动总要在一定的社会关系中开展，行动的条件和手段也由社会来提供，因而人的一切行动都具有历史性和社会性。随着社会的发展变化，行动的内容和形式也会发生变化。对大学生廉洁教育来说，行动和语言同样重要，有时甚至比语言更具说服力，正所谓"行之以躬，不言而信""桃李不言，下自成蹊"。廉洁教育主体除了做好"言传"，更应当做到"身教"，一个具有表率作用的廉洁教育主体，其本身就是形象化、人格化的廉洁教育载体。

### （二）传统载体和现代载体

#### 1. 传统载体

大学生廉洁教育的传统载体主要包括以下几种：一是廉洁理论教育。这是高校最常用和最主要的廉洁教育载体，由教师通过课堂教学、讲座报告、理论研讨等形式，对大学生进行反腐倡廉理论教育，因为这种载体是以集体学习的方式进行，因此，要注意教育内容和教育对象的层次性，这种载体主要针对的是大多数学生。二是廉洁谈话。廉洁谈话是指教师和个别或几个学生进行的面对面交谈，有时候是针对存在廉洁问题的学生进行的教育性谈话，有时候是针对面临廉洁风险的学生进行的警示性谈话，运用廉洁谈话载体要注意结合大学生的思想实际，采取适当的谈话方式方法，才能确保廉洁谈话取得预期效果。三是廉洁会议。廉洁会议是指通过召开各种会议对学生进行廉洁教育的传统载体，如学生党支部的"三会一课"活动，是对大学生党员进行廉洁教育的重要载体，或者通过班会、团会等载体对大学生进行廉洁教育。运用会议载体对大学生进行廉洁教育，要明确主题、时间和组织安排等环节，以提高会议效果。

2. 现代载体

随着时代的发展变化，大学生廉洁教育的载体也有了新的发展和创新，现代载体主要有以下四种基本类型：一是文化载体。对大学生廉洁教育来说，文化载体主要是指校园文化，利用文化载体有利于增强大学生廉洁教育的吸引力和渗透力，有利于形成和社会主义核心价值观相匹配的廉洁价值观。以文化为廉洁教育载体，就是要把廉洁教育内容融入到校园文化建设当中，坚持以社会主义核心价值观为统领，结合高校实际和优势，借助网络新媒体技术，建设清正廉洁的校园文化，充分发挥校园文化载体培养时代新人的重要作用。二是活动载体。参加社会实践活动是大学生学习生活的重要组成部分，廉洁教育的活动载体是指廉洁教育主体有意识、有目的地组织开展廉洁实践活动，将廉洁教育信息融入到实践活动当中，使大学生通过活动接受廉洁教育，学会对关于廉洁的鉴别比较、价值判断、选择取舍等，增强廉洁意识、树立正确的廉洁价值观和提高拒腐防变能力。廉洁教育的活动载体必须同时具备思想性、科学性和趣味性，才能起到廉洁教育作用，主要有校园廉洁文化活动（以廉洁为主题的演讲、书画、摄影等竞赛活动）、廉洁社会实践

（到廉政教育基地、监狱、法院等场所参观考察）。廉洁教育的活动载体具有形式多样、贴近生活、寓教于乐等优势，大学生通过参与活动获得亲身体验和实践能力，具有很强的吸引力和感染力，是实现教育和自我教育的最佳载体。因此，廉洁教育主体要精心设计活动载体，加强活动的过程指导和活动的总结提炼，力求活动的多样化、特色化，避免活动的形式化和走过场。三是传媒载体。廉洁教育的传媒载体就是承载和传递廉洁教育信息的报纸书刊、广播电视、网络媒体等。这些载体各有优势，也各有不足。报纸书刊的优点是可以深度解读、造价相对低廉、便于长期保存等；缺点是时效性差、传播不广、吸引力低等。广播电视的优点是覆盖面广、感染力强、成本较低等；缺点是不易留存、选择性差、想象力弱等。网络媒体的优点是信息海量、互动性强、兼容性高等；缺点是真实性差、权威性弱、安全性低等。运用传媒载体对大学生进行廉洁教育，不仅能够扩大廉洁教育的覆盖面，而且能够增强廉洁教育的实效性。廉洁教育主体要结合各类传媒载体的优势，将廉洁教育信息融入到传媒载体当中，全方位打造形成大学生廉洁教育的传媒体系。四是管理载体。通过管理载体对大学生进行廉洁教育，就是将廉洁教育内容寓于高校的学生事务管理当中，运用学校的规章制度、组织纪律等来约束和规范大学生的日常行为，使他们养成良好的纪律观念、廉洁自律和行为习惯等。高校廉洁教育的管理载体既贴近大学生的思想和生活实际，也能够及时有效解决他们出现的廉洁问题。管理载体具有强制性、组织性和规范性等特点，从某种意义上说，科学、民主、规范的管理，本身就是很好的廉洁教育。因此，在大学生廉洁教育过程中运用管理载体，首先要提高廉洁教育主体的政治素养，其次要提高廉洁教育主体的管理水平，不断增强廉洁教育主体运用管理载体的自觉性和科学性。

第七章

# 新时代大学生廉洁教育的环境和管理

## 第一节　大学生廉洁教育的环境

大学生廉洁教育环境是指影响大学生廉洁素养的形成发展和廉洁教育活动运行的外部因素的总和,包括社会风气、人际关系、学校文化和家风家教等因素,大学生廉洁教育环境的各个要素相互影响,并不断地发展变化。廉洁教育环境对廉洁教育活动和人的廉洁素养的形成与发展产生重要影响。深入了解和把握廉洁教育环境的发展规律,对于优化廉洁教育环境、提高廉洁教育实效具有重要的现实意义。

### 一、大学生廉洁教育环境的特点

相对于同质的、封闭的和稳定的传统环境,在新媒体时代,由于受到信息的虚拟化、数字化、介质化等因素的影响，大学生廉洁教育环境呈现出以下几个主要特点。

（一）多维性

从不同角度对环境要素进行划分可知，大学生廉洁教育的环境具有多维性。从影响的层次来看，大学生廉洁教育环境可分为宏观环境、中观环境和微观环境；从影响的性质来看，大学生廉洁教育环境可分为正面环境和负面环境；从影响的方式来看，可分为直接影响和间接影响、显性影响和隐性影响、单向影响和多重影响等。随着社会的发展变化和大学生主观需求的多样化，廉洁教育环境也因此呈现出多维的特征，对廉洁教育的影响变得更加复杂和广泛，这就要求高校在开展大学生廉洁教育时，注重对环境的优化与调整，做到扬长避短，充分发挥正面环境对塑造大学生廉洁素养的积极作用，努力克服负面环境带来的消极影响。

（二）动态性

大学生廉洁教育环境的动态性主要表现为：一是大学生廉洁教育环境的各个要素始终处于不断的发展变化当中，特别是进入了新时代，网络化、信息化、智能化等技术赋能使得社会发展日新月异、复杂多变，大学生廉洁教育面临着更为复杂多样的环境影响。二是社会的发展变化促进大学生廉洁教育环境发展变化。随着我国社会主要矛盾的转化，大学生对美好生活的需要也发生了重大转变，对学习的个性化需要以及对就业、创业的多样化选择是最明显的表现，而社会上存在的一些不良现象却阻碍了大学生廉洁素养的培育，使

132

得大学生廉洁教育的环境变得日益复杂。

（三）开放性

廉洁教育的开放性主要表现为：一是环境影响因素的空间不限定。廉洁教育活动是关于人的思想道德活动，而影响人的思想道德的形成和发展的因素很多，廉洁教育不可能在封闭的空间里进行，环境影响的多维性将导致大学生廉洁教育环境的范围无法限定，特别是网络新媒体的出现，大大拓展了大学生的学习和生活空间。二是环境影响因素的时间无限定。由于大学生的学习和生活环境主要是大学校园，大学生的思想认识和现实社会的发展进程并不完全同步，有的具有超前性，有的具有滞后性，从时间维度上看，大学生廉洁教育环境的封闭状态已被打破。三是环境的动态性促进了廉洁教育环境的开放度。由于整个社会环境都在不断地发展变化，廉洁教育环境在大学生的学习、生活等方面的变化也随之发生改变，整个系统呈现出开放互动的状态。

（四）复杂性

不管是从主观还是客观的角度来看，环境的复杂性既是一种思维模式，也是一种存在状态。大学生廉洁教育的复杂性主要体现在：一是影响因素复杂。凡是与大学生的廉洁思想有关的因素都能够影响到他们的廉洁思想和行为，进而影响大学生的廉洁教育活动。二是影响性质多重。大学生廉洁教育的环境影响，既有正面影响也有负面影响，既有积极影响也有消极影响，多重交叉地影响着大学生的廉洁思想和行为。而且不同的环境对不同层次的大学生所产生的影响也存在很大差异。三是影响方式多样。既有相互影响也有单一影响，既有直接影响也有间接影响，既有广泛影响也有个别影响，既有深层影响也有表面影响等。同时，多种影响方式混合发生作用，增强了大学生廉洁教育的复杂性。

## 二、大学生廉洁教育环境的功能

### （一）导向功能

马克思主义认为，人是环境的产物，人的思想形成和发展离不开其所处环境的影响。由此可见，廉洁教育环境对大学生廉洁素养的形成和发展同样具有导向功能。大学生所处的社会环境、校园环境、家庭环境和网络环境，无时无刻不在影响着他们廉洁素养的形成和发展。廉洁教育环境的导向功能主要体现在规范导向、舆论导向和利益导向。规范导向主要是通过反腐倡廉的规章制度来引导大学生的思想和行为，具有明显的强制性；舆论导向主要是通过社会舆论来引导大学生的思想和行为，具有较强的感染性；利益导向主要是通过满足大学生成长发展需要而形成的导向，具有内在的动机性。由于现实的制度环境、媒介环境、经济环境同时发生作用，所以大学生廉洁素养的形成和发展，会同时受到这三种环境的影响。

### （二）强化功能

强化功能是指外部环境对大学生廉洁认知的巩固和深化作用。廉洁教育环境对大学生廉洁素养的强化主要是通过环境信息的反复刺激、环境内容和形式的综合作用、环境信息的持续影响等途径来实现。同时，大学生廉洁教育的强化功能还表现为制度强化、舆论强化和榜样强化等。制度强化是通过反腐倡廉的制度建设来推动形成有利于大学生成长发展的廉政环境，以制度的权威性来规制大学生的廉洁自律；舆论强化是通过传播媒介的舆论引导来强化大学生的廉洁思想和行为；榜样强化是通过廉洁榜样的形象示范来吸引和感染大学生的模仿学习。

（三）警示功能

警示功能是指社会腐败现象对大学生廉洁思想和行为的警示作用，这是廉洁教育环境特有的功能。党的十八大以来，随着全面从严治党的不断深入，反腐败斗争取得了压倒性胜利，海晏河清的社会环境基本形成，不正之风和腐败行为成为社会的公敌，警示着大学生只有保持清正廉洁，才能健康成长、成就梦想，同时，一些典型的腐败案例被作为廉洁教育的反面素材，也警示着大学生不敢腐败、不想腐败。

**三、大学生廉洁教育环境的类型**

廉洁教育环境可以依据不同的标准来划分，结合大学生的学习生活和廉洁教育工作实际，这里将大学生廉洁教育环境分为社会环境、校园环境、家庭环境和网络环境四大类。

（一）社会环境

社会环境是包括政治环境、经济环境和文化环境等领域在内的环境系统，是大学生廉洁教育的宏观环境。在政治环境方面，党的十八大以来，在以习近平同志为核心的党中央的坚强领导下，中国特色社会主义政治制度不断完善和发展，特别是党的十九大以来，中国特色社会主义进入了新时代，风清气正的社会环境为实现中华民族伟大复兴奠定了坚实的政治基础。从全面从严治党的角度来看，反腐败斗争取得了压倒性胜利，为开展大学生廉洁教育营造了良好的政治生态。在经济环境方面，我国坚定不移贯彻新发展理念，经济保持中高速增长，在世界主要国家中名列前茅，国内生产总值稳居世界第二，人们的物质生活得到了极大丰富，为高校开展大学生廉洁教育奠定了坚实的物质基础。在文化环境方面，社会主义核心价值观和中华优秀传统文化得到广泛弘扬，主旋律更加响亮，正能量更加强劲，文化自信得到彰显，国家文化软实力和中华文化影响力大幅提升，为高校开展大学生廉洁教育积淀了深厚的文化底蕴。当然，我们也必须清醒地认识到，社会环境还有很多不足之处，也面临着不少困难和挑战。反腐倡廉永远在路上，高质量的经济发展有待加强，社会文化建设需要完善等。与此同时，国际环境的复杂多变，也带来了严峻挑战，需要我们在大学生廉洁教育中，辩证地看待和分析问题，正确引导他们坚定理想信念，保持清正廉洁，在实现中华民族伟大复兴中国梦的生动实践中放飞青春梦想，在为人民利益的不懈奋斗中书写人生华章！

（二）校园环境

校园环境主要是指校园的文化环境。高校是大学生学习生活的主要场所，校园文化环境对大学生廉洁素养的形成和发展具有重要作用。《教育部关于在大中小学全面开展廉洁教育的意见》明确要求："加强校园文化建设，营造开展廉洁教育的良好氛围"。建设廉洁校园文化，就是要净化校园文化环境，抵制消极腐朽的思想渗透，引导校园文化健康发展。理想的校园文化环境主要包括良好的校风学风、和谐的师生关系、优雅的物质环境、浓厚的学术氛围、丰富的文化生活、文明的生活习惯、共同的价值目标等。这些文化环境通过思想渗透、情感熏陶、意志磨练等方式，塑造大学生形成健康的生活方式、科学的思维模式、正确的行为规范以及廉洁的价值取向。由此可见，建设风清气正的校园文化环境是提高大学生廉洁教育质量的内在要求。

（三）家庭环境

家庭是构成社会的细胞，是社会的基本生活单元，是每个人的成长摇篮和心灵归宿，家庭教育担负着对子女传授文化知识、培养道德品质、指导行为规范等责任。习近平总书记多次强调："家庭是人生的第一个课堂，父母是孩子的第一任老师。"[①] 廉洁教育的家庭环境，是指家庭成员的廉洁观念和行为方式对大学生廉洁素养的形成和发展的影响氛围。心理学相关研究表明，家长的言行举止最容易被子女所模仿，并成为子女判断事物的参照系。家庭环境的影响主要通过言传身教、耳濡目染渗透到子女的思想意识当中，家庭成员的廉洁观对子女廉洁观的形成产生深刻影响。如果家庭成员

---

① 习近平．习近平谈治国理政：第2卷［M］．北京：外文出版社，2017：354.

在工作和生活中崇尚勤俭节约、保持清正廉明、坚持公平公正，就会给子女树立了廉洁的榜样，反之，如果家庭成员在工作和生活中崇尚走后门、拉关系、找靠山，或者贪污受贿，就很容易被子女所效仿。在现实生活中，我们发现有些家长为了得到老师对自己子女的特别关照，想尽办法给老师请客送礼，这是错误的家教行为。大量腐败案件也充分证明，家庭问题是导致腐败的重要因素。由此可见，营造廉洁的家庭环境，对大学生廉洁素养的形成和发展至关重要。

（四）网络环境

网络生活是新时代大学生必不可少的生活方式，可以说，网络环境已经成为大学生的第一环境，成为大学生廉洁素养的重要影响源。近年来，一些网络媒体为了吸引人们的眼球，对个别腐败问题进行过度解读，容易误导大学生的廉洁思想和行为。由此可见，净化网络环境，营造廉洁的网络文化，对培育大学生的廉洁素养具有重要意义。一是要有效管控网络媒体，制定出台相应的网络行为准则，推动网络媒体发挥舆论引导和思想引领作用；二是要加强网络媒体自律，关键是加强对网络从业人员的思想政治教育和职业道德教育，主动承担社会责任，为大学生提供更多有益的精神食粮，唯此，才能真正发挥网络环境的育廉功能。

## 四、大学生廉洁教育环境的优化

### （一）大学生廉洁教育环境的优化原则

根据大学生廉洁教育环境的特点、功能和大学生廉洁教育的目标要求，优化大学生廉洁教育环境是大学生廉洁教育的重要工作。马克思主义环境观和习近平总书记反腐倡廉的重要论述，为大学生廉洁教育环境的优化提供了理论依据，新时代中国特色社会主义社会发展为优化大学生廉洁教育提供了现实条件。优化大学生廉洁教育环境，要坚持以下原则：一是整体性原则。把大学生廉洁教育环境作为一个系统工程来抓，既要注重大学生廉洁教育环境与大学生廉洁教育的其他要素的有机统一，又要注重大学生廉洁教育环境内部各个要素之间的相互联系，打造形成社会、学校、家庭和网络有效衔接的大学生廉洁教育环境体系。二是互补性原则。即发挥大学生廉洁教育的各类环境优势，开发各类环境的育廉功能，排除影响培育大学生廉洁素养的环境因素，优化各类环境要素组合，形成优势互补。高校要善于发掘和营造良好的廉洁教育环境，大学生也要坚持洁身自好，不能被社会上的不廉洁风气所玷污。三是主体性原则。要发挥廉洁教育主体的主观能动性，即对廉洁教育环境的驾驭意识和能力，包括自主选择、自主把握、自主分辨和自主取舍等方面。具体来说，就是廉洁教育主体对廉洁教育环境的驾驭意识和能力，而不是被动接受和屈从，根据廉洁教育需要，能够辨别、选择和支配廉洁教育环境，使其为我所用。

## （二）大学生廉洁教育环境的优化策略

### 1. 优化网络媒体环境

随着网络新媒体时代的到来，各种传播媒介在经济利益驱动下，为了提高收视率和发行量，通过各种感官刺激吸引受众眼球，无限制、无差别地向受众传递信息，结果导致信息的过度商业化和娱乐化，容易扭曲大学生的价值取向。2004 年 10 月，中共中央、国务院出台的《关于进一步加强和改进大学生思想政治教育的意见》明确要求："各类网站要牢牢把握正确导向，主动承担社会责任，积极开发教育资源，开展形式多样的网络思想政治教育活动。"① 为此，各类网络媒体要强化责任担当，拒绝传播不利于大学生成长成才的有害信息，并大力弘扬社会主旋律；主流媒体要开展形式多样的网上廉洁教育活动。2017 年 2 月，中共中央国务院《关于加强和改进新形势下高校思想政治工作的意见》明确规定："要加强互联网思想政治工作载体建设，加强学生互动社区、主题教育网站、专业学术网站和'两微一端'建设，运用大学生喜欢的表达方式开展思想政治教育。"② 这些规定为优化网络媒体环境做出了制度安排，其关键在于强化责任落实和监督检查，为大学生廉洁教育营造良好的网络舆论氛围。

---

① 中共中央国务院. 关于进一步加强和改进大学生思想政治教育的意见 [N]. 光明日报，2004 - 10 - 14（1）.
② 中共中央，国务院. 关于加强和改进新形势下高校思想政治工作的意见 [EB/OL]. 新华网，2017 - 06 - 27.

2. 优化校园文化环境

高校作为大学生学习生活的主要场域，校园文化环境对大学生廉洁素养的形成和发展必将产生直接而深远的影响。2007 年 3 月，教育部出台的《关于在大中小学全面开展廉洁教育的意见》明确要求："要加强文化活动阵地建设，高度重视学生社区、学生公寓、网络阵地等在开展廉洁教育中的重要作用；注意挖掘校内资源，营造校园廉洁氛围，发挥身边廉洁典型的作用；要加强宣传舆论阵地建设，充分利用校园宣传橱窗、校内广播电视、黑板报、校报（刊）等载体，大力宣传廉洁教育有关知识；充分发挥互联网的积极作用，建设开通廉洁教育专题网页或网站，组织开展形式多样的网上廉洁教育活动；精心设计和组织开展主题班（队）会、典型事迹报告会、学生论坛、案例辨析等主题教育活动，寓廉洁教育于文化活动之中。"高校认真贯彻落实文件精神，不断加强廉洁校园文化建设，把廉洁文化作为校园文化建设的重要内容，要结合本校实际，深入开展丰富多彩的廉洁主题教育活动，让风清气正的校园文化熏陶大学生，帮助他们树立正确的廉洁价值观。

3. 优化家庭教育环境

习近平总书记高度重视家教家风建设，多次明确要求："广大家庭要重言传、重身教，教知识、育品德，身体力行、耳濡目染，帮助孩子扣好人生的第一粒扣子，迈好人生的第一个台阶。家风好，就能家道兴盛、和顺美满；家风差，难免殃及子孙、贻害社会。"①
为家庭教育环境优化指明了方向。家庭教育环境优化要突出以下几
个方面：一是家庭成员特别是父母要做好子女的"勤廉榜样"。古人
云："爱子，教之以义方"（《左传·隐公三年》）、"心术不可得罪于
天地，言行要留好样与儿孙"（《格言联璧》）。在工作中，要做到爱
岗敬业、清正廉洁、诚信友善、遵纪守法；在生活中，要做到勤俭
持家、艰苦朴素、自食其力，以言传身教、耳濡目染正面影响子女。
二是要培育良好的家教家风。家长要做到廉洁修身、勤俭持家、教
子有方、不攀比、不跟风，大力弘扬中华民族传统家庭美德，为子
女的健康成长营造廉洁的家庭环境氛围。三是要加强家校合作育廉。
高校要建立家校合作育廉的长效机制，主动对接学生家长，发挥家
长在大学生廉洁教育中的独特优势，形成育廉合力。

## 第二节　大学生廉洁教育的管理

　　大学生廉洁教育是高校思想政治工作的重要内容，它是由多个
廉洁教育要素组成的相对独立的教育体系，其中，廉洁教育管理就
是重要的构成要素。廉洁教育的功能发挥、过程推进、目标实现等，
都离不开廉洁教育的管理工作。习近平总书记在全国高校思想政治

---

① 习近平. 习近平谈治国理政：第 2 卷 [M]. 北京：外文出版社，2017：355.

工作会议上强调，"各级党委要把高校思想政治工作摆在重要位置，加强领导和指导，形成党委统一领导、各部门各方面齐抓共管的工作格局，要坚持不懈培育优良校风和学风，使高校发展做到治理有方、管理到位、风清气正"。① 因此，明确大学生廉洁教育的管理目标和把握大学生廉洁教育的管理准则，创新大学生廉洁教育管理的体制机制，对于丰富和完善管理育人理论体系，提高大学生廉洁教育实效，具有重要的现实意义。

### 一、大学生廉洁教育管理的内涵

要准确把握大学生廉洁教育管理，就要先了解什么是管理。对于管理的定义，泰罗（Taylor F. W.）所著的《科学管理原理》认为："确切地知道你要别人去干什么，并使他用最好的方法去干"②，诺贝尔经济学奖得主赫伯特·西蒙（Herbert Simon）认为"管理就是制定决策"③。目前，得到广泛认可的是"管理是对组织的资源进行有效整合以达成组织既定目标与责任的动态创造性活动"④。对思想政治教育管理的定义，主要有两种代表性观点：一是"思想政治教育管理是指思想政治教育的领导机构与管理者，通过对思想政治

---

① 习近平. 把思想政治工作贯穿教育教学全过程 开创我国高等教育事业发展新局面 [N]. 人民日报，2016 - 12 - 09（1）.
② 泰罗. 科学管理原理 [M]. 赵涛，等，译. 北京：中国社会科学出版社，1980：157.
③ 赫伯特·西蒙. 管理决策新科学 [M]. 李柱流，汤俊澄，等，译. 北京：中国社会科学出版社，1982：37.
④ 芮杰明. 管理学：现代的观点 [M]. 上海：上海人民出版社，2005：15.

教育进行科学决策、计划、组织、调控和评价，以实现思想政治教育目标和增强思想政治教育系统功效的过程"①。二是"思想政治教育管理是指思想政治教育的管理机构，通过管理者对思想政治教育进行科学决策和正确指挥，以实现思想政治教育目标的领导行为科学"②。结合上述观点，大学生廉洁教育管理的内涵可以界定为：高校廉洁教育领导机构及其廉洁教育主体，通过决策指导、组织协调、运行控制等管理手段，对廉洁教育资源进行科学配置、有效整合，以实现大学生廉洁教育目标任务的创造性活动过程。

## 二、大学生廉洁教育管理的特点

管理是对组织的资源进行有效整合以达成组织既定目标与责任的动态创造性活动，动态性、科学性、创造性、艺术性以及经济性是其基本特点。大学生廉洁教育管理除了具备上述管理的基本特点以外，还具有以下几个特点。

一是方向性。这是大学生廉洁教育最为明显的特点。大学生廉洁教育肩负着重要的意识形态使命，而加强管理是确保意识形态主导和引领大学生廉洁教育沿着正确方向发展的重要手段和基本保证。大学生廉洁教育管理的方向性，必须坚持以习近平新时代中国特色社会主义思想为指导，以党的教育方针政策为依据，正确处理好廉

---

① 勾永才. 思想政治教育管理学 [M]. 北京：人民出版社，1993：10.
② 王礼湛，余潇枫. 思想政治教育学（修订版）[M]. 杭州：浙江大学出版社，2001：363.

洁教育管理的各种关系和问题，确保廉洁教育朝着既定的目标推进，以增强大学生的廉洁意识、树立正确廉洁价值观和提高拒腐防变能力。大学生廉洁教育管理的方向性，体现在大学生廉洁教育的决策和计划中，也体现在管理者的教育理念和教育行为中，更体现在具体的廉洁教育管理运行机制中。

二是民主性。大学生廉洁教育管理要取得实效，就必须坚持以人为本，这是人的主体性发展的必然要求，也是管理现代化的基本要求。坚持大学生廉洁教育管理的民主性，首先要求管理者发扬民主精神，用民主的方法来实现管理的职能，建立和形成大学生廉洁教育的民主管理制度。其次，要求大学生积极参与到廉洁教育的管理活动中，发挥他们的主观能动性、积极性和创造性，实现全员管理。最后，要求做到管理和自我管理相结合，以不断提高廉洁教育管理效能。

三是开放性。新时代是信息开放的时代，信息数量的增长、传播的极速、工具的多样等深度影响着人的思想和行为，如果我们用封闭的管理方式进行管理，就很难摸清大学生的思想动向和行为规律，因此，必须坚持开放性的管理意识和思维，让大学生廉洁教育管理系统全面融入到社会、家庭、社区等各种组织当中，建立起相互协调的管理网络体系，把大学生廉洁教育的社会资源整合进来。同时，要以开放的心态吸收和借鉴国外大学生廉洁教育先进的管理经验。

### 三、大学生廉洁教育管理的目标

大学生廉洁教育的管理目标，指的是在大学生廉洁教育过程中，采取科学合理的管理手段和方法所要达到的预期效果，主要包含科学化管理和有效性管理两个方面。

（一）科学化管理

科学化管理是大学生廉洁教育管理的首要目标，既能提高管理效率，又能降低管理成本，规范化、制度化和民主化的有机统一是管理科学化的具体体现。规范化具有体制机制健全、运行规范有序、方法严谨科学等特征，这就要求高校廉洁教育管理者从大学生的思想实际出发，遵循思想政治教育的"三大规律"，在管理过程中严格照规章办事，杜绝主观臆断，确保管理的公平公正、科学有序和规范有效。大学生廉洁教育管理的规范化包括目标计划的规范化、评估决策的规范化以及队伍建设管理的规范化等。制度化是确保大学生廉洁教育有效有序推进的基本保障，大学生廉洁教育从根本上说是做人的工作，其根本目的就是培养大学生的廉洁素养，这是复杂的心灵塑造工程，如果没有操作性强的制度保障，就很难奏效，因而在实施大学生廉洁教育的过程中，要把原则性的目标转化为可考评的指标体系，形成可操作的制度，并要求大学生廉洁教育利益相关者强化制度意识，加强大学生廉洁教育管理的制度建设。民主化是大学生廉洁教育的特殊要求，在管理过程中必须坚持民主原则、发扬民主作风、运用民主方法，这是廉洁教育的基本原则，也是廉洁教育管理科学化的具体表征。因此，高校管理者在大学生廉洁教育管理过程中，要发挥集体管理优势，集思广益、畅所欲言，不能独断专行，虚心听取广大师生的意见，及时采纳合理的建议，民主决策、科学决策，为大学生廉洁教育营造民主的管理氛围。

（二）有效性管理

有效性管理是指大学生廉洁教育管理活动产生积极的教育效果和社会效果。其主要表现为：一是能够促进大学生自由而全面发展。即通过廉洁教育管理，在促进大学生廉洁道德品质形成的同时，也促进大学生德、智、体、美、劳全面发展，廉洁教育能够帮助大学生认清自己所处的环境地位，从而调动大学生的主观能动性，激发他们的创造性，促进他们健康成长、全面发展。二是促进新时代中国特色社会主义全面发展。作为思想政治教育管理的重要内容，廉洁教育管理属于上层建筑的范畴，对经济基础具有能动作用，对社会发展具有促进作用。大学生作为国家和民族的未来与希望，肩负着建设中国特色社会主义的历史使命，他们的廉洁素养直接关系到整个社会的风气，关系到党和国家事业的兴衰成败。对大学生廉洁教育来说，廉洁教育管理的有效性直接体现为培养出社会主义的合格建设者和可靠接班人，间接体现为社会主义市场经济建设、全面从严治党和社会全面发展等能够协调发展，为建设新时代中国特色社会主义提供智力支持和人才支撑。具体来说，就是能够帮助大学生深刻认识和贯彻落实党的路线、方针和政策，不断增强"四个意识"，坚定"四个自信"，坚决做到"两个维护"；能够帮助大学生系统了解党风廉政建设和反腐败斗争，并积极参与反腐倡廉建设，为建设"廉洁中国"作出应有的贡献；能够帮助大学生不断强化廉洁自律意识，树立正确的廉洁价值观和提高拒腐防变能力。

#### 四、大学生廉洁教育管理的准则

大学生廉洁教育的管理准则就是高校廉洁教育管理活动所必须遵循的准绳或规范。它贯穿于高校廉洁教育管理的全过程，起到指导和约束整个廉洁教育管理的作用。大学生廉洁教育管理的准则主要包括以下几个方面。

（一）方向性和实效性相统一

方向性是指大学生廉洁教育管理必须有明确的政治方向，这是大学生廉洁教育管理的基本准则，是廉洁教育阶级性的具体体现和内在要求。中国特色社会主义制度决定了大学生廉洁教育管理的方向，就是必须坚持以人民为中心，体现新时代党的政治建设的总要求。具体到高校，就是坚持以学生为本，"围绕学生、关照学生、服务学生"，把方向性要求贯穿到廉洁教育管理的全过程、全方位，使大学生不断坚定理想信念，在廉洁教育实践中把自己锻造成为堪当民族复兴大任的时代新人。

大学生廉洁教育管理在坚持中国特色社会主义政治方向的同时，还必须追求实效性，即廉洁教育管理的实际效果，这是检验高校廉洁教育管理成败的标准尺度。实效性主要是看大学生对廉洁的知、情、意、行表现情况，以及廉洁教育管理的质量和效率问题。基于廉洁教育的特殊性，对管理工作的要求应该是高标准、严要求、高质量、高效率，即在实施大学生廉洁教育活动的计划方案、过程监测、结果反馈等环节都要做到科学合理，力求取得最佳效果。

（二）系统性和针对性相统一

系统化管理是现代管理的基本特点。大学生廉洁教育管理的系统性要求，在管理过程中要用系统的思维和方法，对大学生、廉洁教育过程等加以系统分析，以追求取得理想的廉洁教育管理效果。坚持大学生廉洁教育管理的系统性准则，主要是基于大学生廉洁教育过程的动态性、内容的多样性和目标的层次性等方面的考虑。

在大学生廉洁教育管理过程中，如果没有坚持系统性准则，就难以从宏观上把握其整体性，缺乏大局意识就会导致顾此失彼现象的发生，甚至割裂各部分之间的联系；如果只注重整体把握，而缺乏对具体问题的微观探索，就会导致教育目标的空泛化和抽象化，失去教育的针对性和目的性，两种结果都会影响到教育的整体效果。因此，大学生廉洁教育管理要在坚持系统性准则的同时，也要坚持针对性准则。

（三）长期性和连续性相统一

大学生廉洁思想观念的形成、廉洁思想认识的转变是一个长期的过程，尤其是廉洁观的树立更不能指望在短期内就能实现，而是要经过反复地认知、甄别、选择、认同、内化和践行等环节才能实现。因此，大学生廉洁教育管理要坚持长期抓。同时，意识形态领域斗争的复杂性，也要求大学生廉洁教育管理必须坚持长期性准则。

大学生廉洁教育的长期性包含了连续性，即抓在日常和抓在经常，不能等到廉洁问题出现了才抓，没有问题就不抓，而是以预防为主，确保廉洁教育时间不中断。要结合大学生的不同层次和不同学习阶段，制定科学合理的教育计划，使廉洁教育按照既定目标有序、有效、持续地推进，实现廉洁教育长期性和连续性的有机统一。

（四）理论性和渗透性相统一

大学生廉洁教育作为高校思想政治教育的重要组成部分，本身就具有很强的理论性，这就要求廉洁教育管理也要坚持理论性准则，即以科学的理论为指导，有效开展廉洁教育管理。马克思曾指出："理论一经掌握群众，也会变成物质力量。"① 列宁也曾指出："没有革命的理论，就不会有革命的运动……只有以先进理论为指南的党，才能实现先进战士的作用。"② 这表明，理论对管理工作具有不可替代的作用。对理论的把握和运用程度，将决定着大学生廉洁教育管理的效果如何。在大学生廉洁教育管理中坚持理论性准则，最根本的就是要坚持以习近平新时代中国特色社会主义思想为指导，系统学习习近平总书记关于反腐倡廉的重要论述，深刻领会全面从严治党的战略布局，科学运用马克思主义基本理论和科学方法指导解决大学生廉洁教育面临的现实问题。

在大学生廉洁教育管理实践中，要把理论性准则和渗透性准则进行有机结合，遵循大学生思想发展规律，把廉洁教育渗透到专业教育、学生事务管理、社会实践活动当中，与具体的教育教学活动

---

① 马克思恩格斯选集：第1卷 [M]. 北京：人民出版社，1995：9.
② 列宁选集：第1卷 [M]. 北京：人民出版社，1995：311－312.

进行有机结合，融合各种教育要素，发挥潜移默化的廉洁教育作用。高校廉洁教育的职能在于培养大学生的廉洁素养，这种职能的发挥仅靠理论灌输是远远不够的，还要靠实践来"外化"他们的素质和能力。因此，要结合大学生的学习和生活实际，加强廉洁教育的渗透性和寓他性，才能有效提高廉洁教育的针对性和实效性。

第八章

# 新时代大学生廉洁教育的评价

　　大学生廉洁教育评价是保障教育质量和促进教育发展的重要手段，大学生廉洁教育要规范化、长效性发展，必须建立科学的质量评价机制。新时代大学生廉洁教育的评价标准，要把握时代脉搏，突出问题导向，不断丰富质量评价的理论视角，不断拓展质量评价的指标体系。要借助新媒体新技术赋能之优势，不断优化大学生廉洁教育的评价机制。

## 第一节　大学生廉洁教育评价概述

　　对大学生廉洁教育的评价，主要包括三个方面：一是对廉洁教育的工作评价；二是对大学生现有廉洁素质水平的评价；三是对廉洁教育效果的评价。为不断优化高校廉洁教育工作，大学生廉洁教育评价应当以教育效果评价为旨归，设置客观的评价标准，才能真正提升教育实效。

## 一、大学生廉洁教育评价的意义

大学生廉洁教育评价的意义主要有：一是有利于不断加强和改进大学生廉洁教育。只有对大学生廉洁教育的效果进行科学评价，我们才能知道廉洁教育的实际效果如何、差距在哪里、还有哪些不足等，也才能更有针对性地加以改进。二是有利于满足各方的期待和需要。只有对大学生廉洁教育的效果进行评价，才能满足国家、社会、教育者、大学生等不同群体对廉洁教育实效的期待和需要。三是有利于转变人们固有的错误认识。通过对大学生廉洁教育的效果进行评价，用实实在在的评价结果来证明大学生廉洁教育的实效性，进而转变人们对廉洁教育实效性低或取消廉洁教育的固有看法和观点，为大学生廉洁教育的合法性与必要性提供确证，不断提升廉洁教育工作者的自信心和成就感。

## 二、大学生廉洁教育评价的现状

大学生廉洁教育评价现状主要有以下两个方面：一是基于教育目标的效果评价。即首先对大学生廉洁教育目标进行层层分解，然后转换成评价指标体系，最后根据指标体系的完成程度来衡量廉洁教育效果。这是大学生廉洁教育评价的主要方式。大学生廉洁教育目标的实现，不能仅靠某个方面来评定，因此，对廉洁教育的评价范围要包括廉洁认知、廉洁态度、廉洁行为、廉洁心理、拒腐防变能力等领域，甚至包括对廉洁教育环境的评价。这种评价指标体系的建构以教育目标为指导和依据，用教育目标来考察教育活动的各个要素和环节。在现实的教育实践中，人们常常把廉洁教育效果理解为廉洁教育目标的实现程度，这其中也有合理之处。但是，用预期的廉洁教育目标理解现实的廉洁教育效果显得不够严谨和贴切，容易导致廉洁教育目标过于宏观和抽象，无法揭示廉洁教育目标达成的本质要求。为科学评价大学生廉洁教育实效，我们要把大学生对廉洁教育内容的认同、接受和践行状况，界定为廉洁教育的实际效果，这样才能避免人们对廉洁教育评价的主观随意性。由此可见，基于教育目标的评价指标体系虽然是评价廉洁教育效果的主要模式，但不是有效的评价方式，必须建立科学的大学生廉洁教育评价机制。

二是基于大学生廉洁品质的效果评价。即对大学生的廉洁素养进行测评的评价模式。这种评价模式认为廉洁素养测评是廉洁教育评价的核心，可以通过大学生廉洁素养来评价廉洁教育效果。这种评价模式同样具有其合理性，但会容易出现这样的情况，就是通过对大学生的廉洁素养测评来评价廉洁教育效果，廉洁教育实效的评价也转换成通过建构廉洁素养测评体系来进行评价。廉洁素养测评体系的建构主要是基于人的廉洁素养结构，它无法实现对廉洁教育质量的有效评价，因为人的廉洁素养形成并非都是廉洁教育带来的结果，而廉洁教育的目的是促进廉洁素养的发展。因此，对大学生廉洁教育效果的评价要超越廉洁素养测评的模式，需要建立专门化、科学化的评价体系，以转变人们把大学生的失廉行为归咎于廉洁教育的低效无能甚至否定廉洁教育存在的合法性的错误看法。

综上所述，现有的大学生廉洁教育两大评价指标体系分别从廉洁教育目标要求和廉洁素养结构测评方面进行了研究和实践，各有优点，但也各有不足，如过于宏观抽象、缺乏可操作性等。同时，由于廉洁教育只是思想政治教育的组成部分，如果采用以上的评价模式，就无法说明廉洁教育效果与廉洁教育实践之间的内在关系，也就难以对廉洁教育实效进行客观科学的评价。因此，本书将构建基于廉洁教育内容认同、接受和践行的大学生廉洁教育效果评价模式。

## 第二节　大学生廉洁教育效果评价模式

大学生廉洁教育效果评价模式是指廉洁教育内容被大学生认同、接受和践行的现实结果。这既是预期廉洁教育目标的实现程度，也能够体现大学生廉洁素质的提升水平。因为如果大学生不认同、不接受、不践行廉洁教育主体所传授的教育内容，就无法实现预期的教育目标，也难以测评到大学生廉洁教育的实际效果。因此，有必要构建基于对教育内容的认同、接受和践行的大学生廉洁教育效果评价模式。

### 一、大学生廉洁教育效果评价模式的构建依据

与基于廉洁教育目标的评价模式和基于廉洁素养结构的评价模

式相比，大学生廉洁教育效果评价模式有其自身的构建依据。基于廉洁教育目标的评价模式，侧重的是主观预期的教育目标，如果用来评价客观的教育结果，难免带有主观随意性；基于廉洁素养结构的评价模式，也因存在以偏概全的嫌疑而缺乏说服力，因为廉洁素养的形成不能只归功于廉洁教育，其他教育也可以促进廉洁素养的形成。因此，大学生廉洁教育效果的评价标准既不能以廉洁教育目标为依据，也不能以廉洁素养结构为依据，而应是针对大学生廉洁教育实效来构建测量尺度，并遵循着大学生廉洁教育实效的生成规律。大学生廉洁教育效果是大学生对廉洁教育内容认同、接受和践行的实际状况，评价大学生廉洁教育效果，就是评价大学生对廉洁教育内容的认同、接受和践行情况。由此可见，大学生廉洁教育效果的评价指标是以廉洁教育内容为构建依据。具体来说，就是教育的内容是什么（要求什么），就要考评什么。廉洁教育内容的客观性和可评价性，使得评价更具有可操作性与科学合理性。

利用信息控制论来分析，我们就能更深入地了解基于教育内容的大学生廉洁教育评价标准。信息控制论强调的是信息的输入与输出及其控制和反馈。大学生廉洁教育效果评价和信息控制论有相似之处，具体来说，大学生廉洁教育内容相当于信息，廉洁教育活动就相当于信息的输入，而大学生则相当于信息的接收器，那么，廉洁教育评价就是以输入的信息即基于内容为依据，以相应的指标来衡量，评估信息输出即大学生对教育内容的认同、接受与践行状况。整个过程是在对信息输入和输出的控制之下完成的，具体来说，就是教育内容有要求、教育过程可控制、教育结果可测评。这种基于教育内容的大学生廉洁教育评价模式，能够在最大程度上反映大学生认同、接受和践行廉洁教育内容的真实状况，因为廉洁教育所要传授的内容是具体的、明确的，大学生对廉洁教育内容的反映也是最清晰的，大学生在受到廉洁教育内容的影响后，要么是认同、接受和践行，要么是拒绝、排斥和反对，无论是从心理上还是从行为上，这些表现都能够被呈现和把握，具有可测性。

从评价的精准度来看，相对于廉洁教育目标评价模式和廉洁素养结构评价模式，基于廉洁教育内容的评价模式更能体现出"教什么内容，就测评什么；要求如何，就如何考评"的实效评价，这种评价模式不仅精准度高，而且更具有可操作性。从本质上看，大学生廉洁教育活动总是要通过教育内容的传授和接收来实现的，因此，衡量大学生廉洁教育效果当然是以教育的内容为依据，并根据教育的内容来确定评价的指标。只有通过对大学生廉洁教育进行客观、科学和有效的评价，才能不断提高大学生廉洁教育的质量和实效。

## 二、大学生廉洁教育效果评价的指标

大学生廉洁教育效果评价指标的构建必须以廉洁教育内容为根本依据，这就要求我们必须深刻理解和准确把握大学生廉洁教育的内容。只有对廉洁教育内容进行抽象概括和具体分解，才能建构起大学生廉洁教育效果评价的指标体系。关于大学生廉洁教育内容，主要包括以下几个方面：一是国家关于大学生廉洁教育的政策文件。

如《中共中央关于建立健全教育、制度、监督并重的惩治和预防腐败体系实施纲要》《教育部关于在大中小学全面开展廉洁教育的意见》《中共中央国务院关于加强和改进新形势下高校思想政治工作的意见》等纲要意见提及的廉洁教育内容；二是高校"两课"中提及的大学生廉洁教育相关内容；三是大学生日常行为规范和实践活动中提及的廉洁教育相关内容要求。由此可见，大学生廉洁教育的内容范围比较宽泛，既有国家层面提出的大学生廉洁教育内容和要求，也有高校教材和日常行为规范层面提出的大学生廉洁教育内容和要求。这就为大学生廉洁教育效果评价的指标设定提供了科学、有效的依据。

由于大学生廉洁教育内容的涵盖面较为广泛，为了建构基于廉洁教育内容的评价指标，首先，要对廉洁教育内容进行抽象概括与分析综合，即对廉洁教育内容进行简约化概括和精准化表达。具体来说，就是以廉洁教育内容为指标设定的依据，按照不同维度对廉洁教育内容进行分类。其次，根据不同维度的内容进行次级指标、再次级指标的抽象概括。大学生廉洁教育效果评价的指标设定，就是评价经过抽象概括形成指标化的廉洁教育内容被大学生理解把握、认同内化和践履行动的现实状况。

虽然大学生廉洁教育内容涉及国家的有关政策文件要求、高校"两课"的相关要求以及日常行为规范的相关要求等不同层面的信息，但总体上看，都可以从知识理解、认同内化和行为外化这三个维度来进行抽象概括。因为大学生廉洁教育就是在传授廉洁知识的基础上，培养大学生的廉洁价值观，从而促进他们产生廉洁行为。由此可见，构建知识理解—观念认同—行为外化的大学生廉洁教育内容三维评价指标体系，既符合思想政治教育的基本规律，也符合大学生身心发展的客观要求。基于廉洁教育内容构建廉洁教育效果评价标准，既能够让我们全面把握大学生廉洁教育的知识点、价值观念和行为方式分别是什么、为什么以及有多少，也能够让我们深入了解大学生对廉洁教育内容的内化和外化状况，进而更准确地衡量大学生廉洁教育的实际效果。

## 第三节　大学生廉洁教育效果评价的实施

大学生廉洁教育效果评价是基于廉洁教育内容的实效性评价，因此，在实施过程中，要把对廉洁知识的理解、廉洁观念的认同和廉洁行为的外化作为指标参数。

### 一、廉洁知识理解指标的测评方法

对廉洁知识的理解是大学生廉洁教育的基本要求，因此，廉洁知识理解指标应成为大学生廉洁教育效果评价的基本参数。廉洁知识是人们对廉洁的客观认识，反映廉洁的本质和规律，是人们认识廉洁的思想成果和智慧结晶。由此可见，廉洁知识具有普遍的客观规律性和必然性。廉洁知识虽然是人们社会生活领域的知识，但它却是社会交往和个体生活的理性反映，具有客观性和必然性。基于此，我们可以通过口头问答法或文字考试法，来测评大学生对廉洁知识的理解程度，即把这两种评价方法作为测评大学生对廉洁知识理解指标的测评方法。

（一）口头问答法

基于廉洁知识的客观性和必然性，在对廉洁知识的理解维度方面，我们可以采用客观的评价方式来考评大学生对廉洁知识的理解情况。即针对知识指标的观测点，可以采取口头问答法进行测评，目的是评价大学生对廉洁知识的理解程度。具体就是先把廉洁知识指标转换成问题的形式，然后再向大学生提出问题，通过他们对问题的回答情况来测评他们对廉洁知识的理解效果。口头问答法具有直观性和便捷性等特点，但要设计好问题和明确标准答案，而答案就是廉洁知识指标的观测点。

（二）文字考试法

相对于口头问答法所受到的现场气氛、问答心理等因素影响，文字考试法更能够体现出客观性和规范性。由于廉洁知识具有客观性和必然性，因而对廉洁知识的文字考试指标也是客观的，通过客观的文字考试方法，测评大学生的文字表达和标准答案的对比，我们就可以准确地测评大学生对廉洁知识的理解效果。值得注意的是，文字考试法要科学合理地设计试题、裁定答案，才能有效地测评大学生对廉洁知识的理解情况。

## 二、廉洁观念认同指标的测评方法

廉洁观念认同是廉洁知识内化的重要表征，因此也是大学生廉洁教育效果评价的重要参数。廉洁观念是指对廉洁的看法和态度，那么，廉洁观念认同是指关于廉洁观念的思想意识和价值观点。而观念的东西本身就具有很强的主观能动性，与人们看待问题的态度、立场和角度关系密切，大学生廉洁教育的观念问题也符合这样的特点。大学生廉洁教育所传授的廉洁观念，主要反映在社会生活领域中。从观念的本质规定性来看，它与知识最大的区别是，知识反映的是客观事物的特点、本质和规律，具有明显的客观性和必然性；而观念与人的需要、情感和意志相关，具有明显的主观性和相对性。由此可见，对大学生廉洁教育观念认同的效果评价，不宜采用客观化、普遍性的测评方式，而应通过情境化、感受性的方式来进行测评。运用交流访谈法和问卷调查法，是观测大学生廉洁教育效果观念认同指标的可靠方法。

（一）交流访谈法

由于大学生廉洁教育领域的观念认同具有明显的主观性、相对性，因此，要观测观念认同指标的达成情况，必须采用与之匹配的测评方式。在实施廉洁教育效果评价标准过程中，获取观念认同指标的手段必须体现观念认同的特点和规律，同时能够让大学生自由表达内心的想法，这样才能收集到信度强和效度高的观念认同信息，进而准确判断大学生对廉洁价值观念的认同状况。具体来说，测评观念认同指标必须充分体现情境性、主观性和相对性，而且能够有效调动和捕捉到大学生的内心想法。交流访谈法是测评大学生廉洁教育效果的重要方法。要准确把握观念认同指标，可以通过谈心谈话、沟通询问等语言交流方式，获取大学生内心的个体化观念认同状况。交流访谈法要以情境性、感受性和相互性的交流交谈来确证观念认同的主观性、个体性等特征。交流访谈法可以分为直接访谈法和间接访谈法，不管采用哪种访谈方法，都要注意营造良好的访谈环境，精心设计访谈提纲，才能最大限度地测评到观念认同指标的准确效果。

（二）问卷调查法

问卷调查法是评价大学生廉洁观念认同指标的重要方法，与交流访谈法最大的区别就是问卷调查法更为间接，不是面对面的文字语言测评，而是通过文字符号与测评对象进行交流。其优点是更符合人们观念认同本身所具有的主观性、相对性和隐秘性特征，同时能够让大学生自由真实地表达内心想法，有利于准确地测评廉洁观念认同指标的达成情况。基于此，问卷调查法的内容设定必须符合观念的主观性、相对性和隐秘性特征，且没有固定的答案限制，宜采取匿名问卷的方式进行调查，才能收集到大学生廉洁观念认同的真实信息，并作出科学评价。

总之，大学生廉洁观念认同主要表现为：宏观层面要认同党和国家的反腐倡廉政策精神，中观层面要认同学校的廉洁教育要求，微观层面要认同廉洁自律要求。

### 三、廉洁行为外化指标的测评方法

廉洁行为外化也是大学生廉洁教育效果评价的重要指标参数。大学生廉洁教育是通过传授廉洁教育内容，促使大学生产生良好的廉洁行为，廉洁行为外化是廉洁理论学习和廉洁实践锻炼所追求的教育效果，也是廉洁教育效果生成的集中体现。大学生廉洁教育所要求的廉洁行为必须满足基本社会秩序要求、满足统治阶级利益要求和个体成长成才需要。测评大学生廉洁教育的行为外化效果，必须准确把握廉洁行为外化的特殊性。行为外化指标的测评就是评价大学生廉洁教育要求行为的外化程度和水平，因此，观测行为外化指标必须通过可感知、可观察、可体验的方式去获取，如可以观测到大学生在利益诱惑面前有拒绝腐败的行为发生。以下是评价大学生廉洁教育行为外化指标的两种有效方法。

（一）行为统计分析法

从其本质来看，大学生廉洁教育效果评价所要求的行为外化，就是让大学生在思想、道德、纪律等活动层面形成特定的行为模式或行为习惯，这就决定了廉洁行为外化指标的现实性，是可感知和观察的。行为统计分析法就是获知行为外化的有效方式，它可以通过大量的观察和分析去把握大学生的廉洁行为状况，从而获得行为外化的性质和频率。行为统计分析法可以通过多种形式来测评行为外化指标，如考勤方式就是最常见的行为统计分析法转化形式。行为统计分析法可以采取告知或不告知的考勤方式去获取大学生廉洁行为习惯的状况，因为考勤方式最大的特点就是可以采取常规或者突然的方式去观测大学生外化廉洁行为的状况。对于大学生廉洁行为外化指标的测评，除了考勤方式，还可以通过统计班级是否存在考试作弊行为、学术不端行为、骗取奖助学金行为等方式，来测评大学生廉洁教育效果中廉洁行为外化观测点的状况。在现实的教育实践中，我们也可以通过观察某个班级在接受廉洁教育以后，相对于之前来说没有或较少出现违廉行为，就会得出这个班级的廉洁教育效果良好的结论。因此，行为统计分析法是评价大学生廉洁教育行为外化效果的有效方法，为了有效观测行为外化指标，在利用行为统计分析法时要注意统计的取样、程序和时机等要素。

（二）行为情境测试法

"所谓情境测试法，是指测评者设置一定的情境和标准并观察被测评者在该情境中的反应，根据事先规定的标准对被测评者的道德发展状况作出评价的方法。"① 通过对行为统计分析法与行为情境测试法的比较可以看出，行为统计分析法侧重对行为外化的宏观测评，而行为情境测试法侧重对行为外化的微观测评，同时，行为统计分析法需要较长的测评时间，而行为情境测试法则在较短的时间内即可完成测评。实际上，行为情境测试法被大量应用于心理实验、人才招聘等相关的行为测验实践中。"行为情境测试法首先是由测评者设置一定的情境和标准，并观察被测评者在该情境模式中的反应，

---

① 王鹏，孙伟. 中外学生品德测评的比较研究 [J]. 美中教育评论，2008 (2).

然后再根据事先规定的观测指标去获取相应被测评者的行为表现。"① 评价大学生廉洁教育的行为外化指标，可以通过创设廉洁测评的情境和观测点，观察大学生在此情境中的反应，并根据行为指标的权重来获知大学生廉洁行为外化的状况。如可以设置无人监考考场，以大学生是否出现作弊行为作为观测点，通过观察大学生在无人监考考场中的行为表现，就可以获知大学生的廉洁行为外化情况。行为情境测试法可以分为两种形式：即生活情境测试和模拟情境测试。在实际操作中，两种形式都要对每个环节进行精心设计，并注意测试过程和目的的隐秘性，也可以把两种情境测试形式结合起来运用，以提高行为情境测试法的信度和效度，进而更加客观地测评廉洁行为外化指标的实现状况。

---

① 王立仁. 学生思想政治教育论纲［M］. 北京：中国社会科学出版社，2015.

第九章

# 新时代大学生廉洁教育的实施体系

　　大学生廉洁教育作为高校思想政治教育的重要组成部分，是高校立德树人、铸魂育人的内在要求。加强大学生廉洁教育，要深刻把握高校廉洁教育的发展规律，找准廉洁教育的切入点和着力点，做到科学谋划、优化协调，实现精准高效、系统推进。一要抓好课堂教学这个主渠道、主阵地。开设专门的廉洁教育课程，只有与其他课程同向同行，才能构筑起完整的大学生廉洁教育知识体系；二要抓好"第二课堂"的廉洁教育，把廉洁教育理念融入日常教育教学全过程，推进廉洁教育与思想政治理论教育、专业教育、社会实践、校园文化的有机融合，全面提升大学生的廉洁素养。

## 第一节　大学生廉洁教育的课程建设

　　高校开展大学生廉洁教育，对于深入贯彻落实习近平总书记在全国高校思想政治工作会议上的重要讲话精神，培养德智体美劳全面发展的时代新人，具有重要的现实意义。大学生廉洁教育课程化是落实立德树人根本任务的重要途径。

## 一、实现大学生廉洁教育课程化的必要性

课程是人才培养的核心要素。大学生廉洁教育应以课程为核心，以廉洁理论和廉洁文化知识为教学内容。对大学生进行课程化廉洁教育，其必要性主要有以下三个方面。

### （一）廉洁教育课程是培育大学生廉洁观的内在需要

"青少年阶段是人生的'拔节孕穗期'，最需要精心引导和栽培。"① 开展廉洁教育对大学生树立正确的廉洁观具有十分重要的作用，是他们形成"三观"的重要基础。廉洁观是人民对廉洁意识、廉洁价值和廉洁行为的基本看法和观点。廉洁观的形成，除了对日常生活的具体体验以外，还必须经过课程的环节与手段才能实现，特别是新时代的大学生，他们的生活体验比较欠缺，这就需要通过廉洁课程学习来塑造他们的廉洁观，促使他们在思想层面真正懂得廉洁的全部意义。通过廉洁教育，可以让大学生从思想上认识腐败的危害性，反对和拒绝腐败行为，使他们能够明辨廉耻、义利、得失，进而不断提高拒腐防变能力，不断坚定马克思主义廉洁观。大

---

① 习近平. 用新时代中国特色社会主义思想铸魂育人 贯彻党的教育方针落实立德树人根本任务——在学校思想政治理论课教师座谈会上的讲话［N］. 人民日报，2019 - 03 - 19（1）.

学廉洁教育与中小学廉洁教育有所不同，大学廉洁教育要掌握的是廉洁理论和廉洁文化知识体系。因此，对大学生进行廉洁教育，要使他们掌握最基本的廉洁知识，要加强马克思主义廉洁观教育，这就必须以廉洁教育课程化为基础。

（二）廉洁教育课程是促进"知行合一"的客观要求

培养清正廉洁的时代新人，必然要求"知行合一"，这里的"行"是指高校开展社会实践活动，通过组织参观廉政教育基地、参加反腐倡廉活动等，使学生亲身感受清正廉洁对于国家、社会和个人发展的重要意义。这里的"知"是指通过课堂教学，使学生全面掌握廉洁理论知识，所谓"格物致知"，贵在明理。参加廉洁教育实践活动固然重要，但不是廉洁教育的终极目标，最根本的还是对廉洁的思想认识和科学把握。大学生要成为堪当民族复兴大任的时代新人，不仅要加强廉洁自律，更要懂得如何建设"廉洁中国"，要把"知行合一"作为大学生廉洁教育的基本原则，是新时代高校铸魂育人的内在要求。

（三）廉洁教育课程化合乎教育的目的性和规律性

虽然说大学生廉洁教育是思想政治教育的重要组成部分，但是，也并非要成为学科才能建立课程。廉洁教育有其自身的特殊规律和教育目标，具有不可替代性。廉洁教育重在增强廉洁意识，明确廉洁价值，提高拒腐防变能力等；而思想政治理论课含括思想修养、政治理论、伦理道德等多方面的知识，不断提高学生的思想政治素质和道德水平。毋庸置疑，思想政治理论课也包含有廉洁方面的知识，但这些知识都分别蕴含于思想政治理论课的几门课程当中，无法形成完整的廉洁教育知识体系。此外，廉洁教育不能仅仅停留在思想认识和道德修养上，而是要通过廉洁教育课程的学习，深化对廉洁理论的把握和提高拒腐防变的能力。对于大学生来说，如果不对其进行系统的廉洁教育，他们就不能透彻了解廉洁的本质和价值，以及对个人成长发展乃至未来家庭的重要意义，他们对廉洁知识的掌握是碎片化的，甚至只停留在感性认知阶段，这对于培养德智体美劳全面发展的社会主义建设者和接班人极为不利。因此，要将廉洁教育课程化合乎教育的目的性和规律性。

### 二、大学生廉洁教育课程的界定和基本要求

（一）大学生廉洁教育课程的界定

课程是指学校学生所应学习的学科总和及其进程与安排，是对教育目标、教学内容、教学活动方式的规划和设计，是教学计划、教学大纲等诸多方面实施过程的总和。据此，我们可以对大学生廉洁教育课程定义如下：是指以大学生所应学习和掌握的廉洁知识为目的，对大学生的学习进程和教学计划所做的总体安排。它涵盖两个方面：一是大学生廉洁教育不能仅限于教育理念层面，也不能仅限于融入其他课程当中，必须是通过系统的课程设置和教学安排，为真正实现廉洁教育目标提供必要的条件和保障。二是大学生廉洁教育课程化，主要途径有：以廉洁知识作为廉洁教育内容，以增强大学生的廉洁意识、树立正确的廉洁价值观和提高拒腐防变能力作

为教育目的，遵循教育教学发展规律，围绕廉洁教育目标对教学活动方式进行科学规划，对廉洁教学课程进行合理设计等。

（二）大学生廉洁教育课程化的基本要求

大学生廉洁教育课程化主要包括以下几个方面。

1. 指导思想

坚持以马克思主义廉洁观为指导，特别是坚持以习近平总书记关于反腐倡廉的重要论述为指导。深入贯彻落实习近平总书记在全国高校思想政治工作会上的重要讲话精神和全国教育工作会议精神，坚持立德树人、铸魂育人，努力培养崇廉、尚廉、敬廉、行廉的时代新人。

2. 教学原则

（1）理论联系实际原则。廉洁教育既要学生掌握廉洁理论知识，又要提高学生拒腐防变能力，因此，在教学过程中，应以掌握廉洁理论知识为主导，运用廉洁理论知识分析和解决问题，达到学以致用之目的。

（2）因材施教原则。即教学的内容、方法、分量等要适合学生的发展水平，对不同层次的学生，要运用不同的教学方法，体现可接受性，才能提高教学的亲和力和针对性。

3. 教学目的

大学生廉洁教育以普及廉洁基本理论、廉洁文化知识和廉洁自律技能为主要内容，目的是增强廉洁意识、树立正确的廉洁价值观和提高拒腐防变能力。

4. 教学方法

在教学方法上，既要系统讲授廉洁理论知识，又要通过实践教学提高学生的拒腐防变能力，应充分利用新媒体新技术等现代化的教学手段，要结合我国反腐倡廉取得的伟大成就进行思想引导，推动大学生树立正确的廉洁价值观。

5. 课时分配

大学生廉洁教育课程可以以通识必修课的方式来进行教学，但要有足够的课时保障。应在大学期间均衡分配课时，每学年不少于20个课时，可以通过廉洁专题讲座、报告的形式进行廉洁理论知识教学，讲座报告折算为两个课时，每学年还应安排两次廉洁教育实践活动，组织学生到廉政教育基地、看守所、监狱、法院等场所接受廉洁实践教学，或到社区、企业、广场开展反腐倡廉宣传教育活动。把廉洁教育作为考查科目，运用多种考查方法，设置 1~2 个学分。

6. 师资队伍

大学生廉洁教育能否取得理想效果，关键在教师，因此要加强廉洁教育师资队伍建设。教师队伍主要由"两课"教师、辅导员和行政人员组成，并进行系统的专业培训。也可以通过柔性引进人才的方式，引进校外的纪检监察、公检法等专业机构人员。对于从事廉洁教育的教师，尽量在评优评先、职称评定、绩效报酬等方面给予倾斜和保障，以激发教师潜心廉洁教育的积极性和主动性。

### 7. 管理服务

为了保障廉洁教育的有效开展，应成立专门的廉洁教育管理服务机构，如成立廉洁教育教研室或廉洁教育管理中心，在负责统筹安排廉洁教育教学任务外，还要探索创新廉洁教育教学的方式方法，并总结推广廉洁教育教学经验。

## 三、大学生廉洁教育课程化的教材建设

为完善大学生廉洁教育体系，应结合实际编写专用教材，如编写《新时代大学生廉洁教育》《大学生廉洁教育讲义》等。编写教材要以马克思主义廉洁思想为指导，特别是以习近平关于反腐倡廉的重要论述作为根本遵循，要融入最新的理论和实践成果，要体现时代性、实用性，着重从以下几个方面进行教材的逻辑建构。

### （一）大学生廉洁教育导论

主要论述大学生廉洁教育的目的、意义、内容和途径等基本内容。通过对这部分的教学，让学生明白学校开展廉洁教育的目的，明白廉洁自律、清正廉洁对个人成长成才的重要意义；明白反腐倡廉对建设中国特色社会主义和实现中华民族伟大复兴中国梦的战略意义；通过了解廉洁教育的主要内容、基本原则和途径方法等，以澄清学生对廉洁教育的模糊认识，端正学习态度、明确学习方法。

### （二）廉洁思想理论教育

主要论述人类社会廉洁思想的形成和发展，包括马列主义廉洁思想、中国化的马克思主义廉洁思想、中国传统廉洁文化的形成和

发展、国外的廉洁思想发展等，让大学生系统掌握廉洁的理论知识，不断提高他们的廉洁素养。

（三）腐败和反腐败概述

主要论述腐败含义、腐败类型、腐败根源、腐败后果以及国内外反腐败的基本情况。通过这部分学习，让学生了解和掌握什么是腐败、腐败的分类、腐败产生的原因和腐败造成的危害，并了解国内外惩治和预防腐败的历史、策略等。

（四）新时代反腐倡廉教育

主要论述党的十八大以来我国反腐倡廉的基本经验、主要做法和重要成果，特别是要系统学习习近平总书记关于党风廉政建设和反腐败斗争的重要论述，让大学生掌握最新的反腐倡廉理论，以增强大学生的廉洁自律意识，促进大学生树立正确的廉洁价值观。

（五）大学生如何拒腐防变教育

主要论述大学校园中存在的腐败现象和腐败文化，如考试作弊、学术腐败、学生证书造假、入党入团造假、学生干部行贿受贿等腐败行为，攀比浪费、拉帮结派、诚信缺失等腐败亚文化，以及大学生群体中存在的形式主义和不正之风等。只有知纪才能守纪，只有知法才能守法，只有知腐才能拒腐，要教会学生什么是纪律、如何遵守规矩、如何识别腐败等内容，更要教会学生如何反对腐败、拒绝腐败、掌握反腐败的策略和方法等，不断提高大学生的拒腐防变能力。

## 第二节 大学生廉洁教育与思想政治教育有机融合

习近平总书记在学校思想政治理论课教师座谈会上强调："青少年阶段是人生的'拔节孕穗期'，最需要精心引导和栽培。"① 要让大学生顺利地"拔节孕穗"、成长成才，必然要扣好"廉洁"的扣子。思想政治教育是培养学生思想观念、政治素质、道德规范和行为习惯的主渠道。廉洁教育在增强大学生廉洁意识、形成廉洁价值观和提高拒腐防变能力等方面具有不可替代的作用。将廉洁教育和思想政治教育进行有机融合，既能够在廉洁教育中强化思想政治教育，也能够在思想政治教育中强化廉洁教育，具有双重强化和互相渗透提升的作用。廉洁教育是思想政治教育的应有之义，廉洁教育有利于丰富思想政治教育的内容、拓宽思想政治教育的路径、增强思想政治教育的针对性、提升思想政治教育的亲和力。两者的有机融合更有利于提高廉洁教育质量。

### 一、廉洁教育和思想政治教育有机融合的必要性

#### （一）丰富思想政治教育的内容

长期以来，我国高校的思想政治教育主要以"两课"为主阵地、

---

① 习近平. 用新时代中国特色社会主义思想铸魂育人 贯彻党的教育方针落实立德树人根本任务——在学校思想政治理论课教师座谈会上的讲话［N］. 人民日报，2019 - 03 - 19（1）.

主渠道，"两课"是指马克思主义理论课和思想政治教育课。新版的"两课"教材包括《思想道德修养与法律基础》《毛泽东思想和中国特色社会主义理论体系概论》《马克思主义基本原理概论》《中国近现代史纲要》和《形势与政策》等。虽然我们说廉洁教育是思想政治教育的重要组成部分，但是每门课程均没有关于廉洁教育的章节，导致廉洁教育经常被遮蔽或忽视。因此，在思想政治教育特别是在"两课"教学中有机融合廉洁教育，可以丰富思想政治教育的内容和方法。

（二）拓宽思想政治教育的路径

高校思想政治教育是理论性很强的学科，"两课"被认为是最难教的课程，很多教师不知如何上思想政治教育实践课，只有满堂的理论说教，导致"两课"的吸引力不强、教学效果不佳。如果融合廉洁教育，通过组织学生参观廉政教育基地或到社区、企业宣传反腐倡廉政策等，必将有效拓宽思想政治教育的路径和载体。

（三）增强思想政治教育的针对性

当前，在大学生群体中还存在理想信念模糊、价值取向扭曲等思想问题，也经常出现考试作弊、学术不端等违纪行为，虽然这是多种原因造成的，但也说明了高校的思想政治教育效果还不够理想。通过融合廉洁教育，培养大学生的廉洁意识、诚信意识、廉洁价值观等，必将能够解决大学生的违纪违法行为，从而增强思想政治教育的针对性、实效性。

（四）提升思想政治教育的亲和力

习近平总书记在全国高校思想政治工作会议上强调指出："要用好课堂教学这个主渠道，思想政治理论课要坚持在改进中加强，提升思想政治教育亲和力和针对性。"① 在"马克思主义基本原理概论"教学中，引导学生深入剖析腐败产生的政治、经济和思想根源；在"形势与政策"教学中，融入新时代反腐倡廉的形势任务、进展成效等内容；在"思想道德修养与法律基础"中，大力弘扬传统廉洁文化，学习身边的勤廉榜样，分析腐败典型案例，参加廉洁教育实践活动等形式，使学生在可知、可感、能学的氛围中，自觉增强廉洁意识，积极树立廉洁价值观，努力提高拒腐防变能力，如此方能提升思想政治教育的亲和力、吸引力。

## 二、廉洁教育和思想政治教育有机融合的可行性

（一）教育目标的相关性

习近平总书记在十九大报告中强调："青年一代有理想、有本领、有担当，国家就有前途，民族就有希望。"② 培养"有理想、有本领、有担当"的时代新人，是实现思想政治教育的根本目标。"思想政治教育为大学生解答人生应该在哪儿用力、对谁用情、如何用

---

① 习近平. 把思想政治工作贯穿教育教学全过程开创我国高等教育事业发展新局面 [N]. 人民日报，2016 - 12 - 09（1）.

② 习近平. 决胜全面建成小康社会 夺取新时代中国特色社会主义伟大胜利——在中国共产党第十九次全国代表大会上的报告 [R/OL]. 新华网，2017 - 10 - 27.

心、做什么样的人的根本问题；回应大学生在学习、生活、社会实践中遇到的真实困惑，满足大学生成长发展需求和期待；增强大学生对人民的感情、对社会的责任和对国家的忠诚；关心和爱护大学生，为他们实现人生出彩搭建舞台。"① 廉洁教育的目标是增强大学生的廉洁意识，帮助大学生树立正确的廉洁价值观和提高大学生拒腐防变的能力。两者在教育目标取向上具有相关性，为廉洁教育和思想政治教育有机融合提供了可能。

（二）教育内容的关联性

思想政治教育的主要内容："国家在受教育者中进行爱国主义、集体主义、社会主义的教育，进行理想、道德、纪律、法制、国防和民族团结的教育。"② 廉洁教育就是要使大学生不断增强廉洁意识，树立正确的廉洁价值观和提高拒腐防变的能力。可见，两者在内容体系上具有关联性。

（三）教育方法的相似性

高校思想政治教育的主要方法有：理论教育法、疏导教育法、比较教育法、典型教育法、自我教育法、激励教育法、咨询辅导法、实践锻炼法等。廉洁教育的基本方法有：理论灌输法、实践锻炼法、警示教育法、榜样示范法、自我教育法、心理辅导法等。两者都是通过课堂教学和社会实践来达到教育目的。从两者的教育目标相关

---

① 顾海良. 新时代高校思想政治教育的理论指导和发展理念 [J]. 思想理论教育导刊, 2018 (1).
② 刘基. 高校思想政治教育论 [M]. 北京：中国社会科学出版社, 2006.

性和教育内容关联性来看，甚至可以说，廉洁教育是思想政治教育的有效途径，因此，所采用的方法具有相似性。

### 三、廉洁教育和思想政治教育有机融合的实施路径

（一）将廉洁教育贯穿于思想政治教育的全过程、全方位

思想政治教育是高校立德树人的核心环节，在"三全育人"大背景下，面对个性鲜明的新时代大学生，思想政治教育路径必须多元化，高校应以廉洁教育作为载体，创新思想政治教育模式，多渠道、全方位开展廉洁教育。一是充分利用新生入学教育环节融合开展廉洁教育和思想政治教育。如在开学典礼、军训等场合强调廉洁纪律和诚实守信，让廉洁和诚信思想先入为主，使学生肯定廉洁和诚信是个人成长成才的必要条件，主动树立廉洁和诚信意识。二是充分利用在学期间持续加强廉洁教育。除了安排必要的廉洁教育课程之外，定期开展廉洁教育实践活动，如组织开展以廉洁为主题的演讲、书画、辩论等比赛活动，或组建廉洁教育社团进行廉洁教育宣传，在丰富大学生活的同时，营造起风清气正的校园文化，使廉洁文化成为校园文化的主流。三是充分利用毕业环节深化思想政治教育。在实习、求职、毕业典礼等关键节点加强廉洁教育，如开展廉洁实习主题班会、诚信就业座谈会等，为学生在未来的工作岗位上崇尚廉洁、敬畏廉洁、践行廉洁奠定坚实的思想基础。

在"两课"教学中，坚持渗透马克思主义廉洁观，使学生树立正确的廉洁价值观。如在"马克思主义基本原理概论"课程中，坚

持以马克思主义廉洁思想为主线，展开对资本主义腐朽思想的批判；在"毛泽东思想和中国特色社会主义理论体系"课程中，加入对习近平总书记关于党风廉政建设和反腐败斗争重要论述的解读；在"形势与政策"课程中，加入对当前反腐倡廉的形势分析等。这既丰富了思想政治教育的内容体系，同时也在这个过程中实现了廉洁教育的目的。

（二）创新内容和形式，拓展自我廉洁教育途径与方法

实现自我教育是廉洁教育的最高目标，通过创新廉洁教育的内容和形式，可以拓展大学生自我廉洁教育的途径和方法。为了克服廉洁教育内容和形式的单一化，高校应不断创新廉洁教育类型，如廉洁主题征文比赛、廉洁文化宣传、拒腐防变座谈等活动。通过廉洁主题征文比赛，可以建构学生的自我廉洁认知；通过参与廉洁文化宣传，可以建构自我廉洁价值观；通过拒腐防变座谈，可以帮助学生学会如何明辨是非、分清廉耻，学会如何拒绝腐败、抵制腐败，防止"被围猎"，提高自我拒腐防变能力。

（三）以勤廉榜样为标杆，发挥榜样的示范引领作用

高校通过开展"身边的勤廉榜样"评选、"勤廉榜样进校园"等活动，弘扬新风尚，传递正能量。如百色学院开展的年度"身边的勤廉榜样"评选活动，通过班级推荐、微信平台投票等环节，让学生参与其中，使他们亲身感受榜样的力量，从而见贤思齐、向上向善，形成清正廉洁的良好风尚。通过邀请校外勤廉榜样走进思政课堂，或举办"勤廉榜样面对面"报告会等，让学生可知、易感、

能学，进而引导他们崇敬榜样、学习榜样、争做榜样、赶超榜样，让廉洁精神成为大学生成长成才的精神动力。

（四）回归廉洁经典解读，培育廉洁观的理论思维

要深刻理解廉洁的作用和价值，就要回到马克思主义的经典理论，以正本清源。回归文本，回归廉政经典解读，使大学生理解何为马克思主义廉政思想，找到廉洁教育的理论渊源，厘清党和国家在不同历史时期的廉政思想。如在"马克思主义基本原理概论"的教学中，运用基本原理来解读廉政经典，就可以让学生既知其然，又知其所以然，让学生领略到马克思主义的理论深度和思维高度，从而树立具有系统理论思维的廉洁价值观。

在经典解读中，要坚持以习近平新时代中国特色社会主义思想为指导，深刻理解廉洁的时代价值，通过解读习近平总书记关于党风廉政建设和反腐败斗争的重要论述，深刻体会我国反腐倡廉思想的传承与创新，在廉政理论的发展脉络中，不断深化对廉洁教育的理解。

（五）借助新媒体新技术优势，搭建廉洁教育新平台

习近平总书记在全国高校思想政治工作会议上强调："要运用新媒体新技术使工作活起来，推动思想政治工作传统优势同信息技术高度融合，增强时代感和吸引力。"① 高校要借助新媒体新技术优

---

① 习近平. 把思想政治工作贯穿教育教学全过程 开创我国高等教育事业发展新局面 [N]. 人民日报，2016 - 12 - 09（1）.

势，探索将"四个课堂"（理论教学、校内活动、校外实践、网络空间）进行无缝对接，构建廉洁教育与思想政治教育全方位融合的有效机制。运用网络平台、大数据中心、高校易班等资源平台和邮件、微信等交流平台，围绕廉洁价值观、反腐倡廉、勤廉榜样事迹等反映出来的热点、难点、疑点，教师与学生共同探讨、研究和实践，为学生搭建理解廉洁理论思想和践行廉洁行为规范的教学、研究、实践"三位一体"教育平台，实现从理论认知和课堂解读到自我教育的有效转化。

利用新媒体新技术，推出廉洁教育和思想政治教育相结合的微信公众号，向学生推送弘扬廉洁精神的好文好书，报道勤廉榜样的链接和视频，宣传廉洁教育相关课程或讲座信息等，全方位实现师生的线上线下互动，使学生主动传播廉洁精神，打造形成立体化的育人新格局。

## 第三节　大学生廉洁教育与专业教育有机融合

习近平总书记在全国高校思想政治工作会议上强调指出："要用好课堂教学这个主渠道，思想政治理论课要坚持在改进中加强……其他各门课都要守好一段渠、种好责任田，使各类课程与思想政治理论课同向同行，形成协同效应。"① 对专业教育的"育人"功能提出了更高要求。怎样在专业教育中融合廉洁教育，发挥"课程思政"作用，实现"课程育廉"目标，是高校立德树人需要面对的现实问题。

## 一、大学生廉洁教育与专业教育融合的内在逻辑

### （一）廉洁教育与专业教育彼此同向同行

廉洁教育与专业教育都是围绕"培养什么样的人、如何培养人以及为谁培养人"这个根本任务。具体来说，就是培养德智体美劳全面发展的社会主义建设者和接班人。廉洁教育重在培养大学生的廉洁意识、廉洁价值观和拒腐防变能力，体现"德"的要求；专业教育重在培养大学生的专业知识、专业技能和专业精神，体现"才"的规格。培养德才兼备的时代新人是高校立德树人的终极目标，融合了廉洁教育的专业教育，可以为自身提供明确的价值引导，所谓"才者，德之资也；德者，才之帅也"（《资治通鉴·周纪一》）。德才兼备、以德为先，廉洁教育与专业教育的同向同行，更加有效促进铸魂育人。

### （二）廉洁教育与专业教育形成协同效应

廉洁教育能够强化专业教育的道德引领和精神塑造，塑造和培

---

① 习近平. 把思想政治工作贯穿教育教学全过程 开创我国高等教育事业发展新局面 [N]. 人民日报，2016－12－09 (1).

养大学生的专业精神、职业廉洁意识；专业教育能够促进廉洁教育的实践性和针对性，推动提高大学生的廉洁意识、廉洁道德素养。从"课程思政"的角度来看，专业教育课程要立足于专业谈思政，在专业知识和专业技能的传授过程中，挖掘蕴含于其中的思政和德育元素，或者在专业教育活动中，融入思政和德育元素，以达到专业育人之目的。廉洁教育是思政教育和德育的重要内容，在专业教育中，挖掘或融入廉洁教育元素，必然提高专业课程的"含金量"和"温度"，更有利于发挥专业的育人功能。对廉洁教育来说，以专业教育为载体，把廉洁教育元素融入专业课程当中，不仅拓展了廉洁教育的途径，而且能够提升廉洁教育的效果。两者之间显性与隐性互补，实现"道"和"器"的协同效应。

### 二、廉洁教育与专业教育有机融合的基本思路

（一）高校党委做好"课程思政"的顶层设计

进入新时代，"课程育人"成为"三全育人"的核心环节，而"课程思政"又是"课程育人"的关键所在。高校党委肩负着立德树人的主体责任，首要任务是做好"课程思政"的顶层设计，制定切实可行的"课程思政"领导机制、运行机制、评价机制和激励机制，为"课程思政"发挥实效提供制度保障。培育大学生的廉洁素养，是高校铸魂育人的重要目标，基于此，要把"课程育廉"作为"课程思政"的重要内容，通过"课程思政"实现"课程育廉"目标。

## （二）提高专业课教师"课程思政"理念和技能

廉洁教育要有机融合专业教育，必然要通过"课程思政"来实现，而"课程思政"要靠专业教育的主体即专业课教师来推动。但长期以来，思政教育与专业教育"两张皮"的现象难以消除，专业课教师认为思想政治教育是"两课"教师的任务。"课程思政"作为新型的教育理念和教学模式，对专业课教师来说，难免会产生距离感或不适应，这就需要通过培训、宣讲、示范课、比赛课等方式，来强化提高专业课教师的"课程思政"理念和技能，让他们理解何为"课程思政"、为何推行"课程思政"以及如何实施"课程思政"等核心内容，使他们充分认识"课程思政"的重要性、必要性和可行性，引导他们在遵循教学规律和确保课程特色的基础上，创新融合思想政治教育理念，达到"课程育廉"效果。

## （三）融合廉洁教育要遵循大学生的发展规律

新时代的大学生视野开阔、个性鲜明、崇尚自由、追求自主，廉洁教育就应遵循他们的成长发展规律，优化融合廉洁的理论观点或知识点，切不可为了完成"课程思政"的任务而断章取义、生搬硬套，要准确找到融入点、契合点，使其相得益彰、珠联璧合。必须坚持以马克思主义廉洁观为指导，科学设置教学环节，创新融合廉洁教育内容和方法，以学生喜欢的、乐于接受的方式来开展。如在理工科的物理实验、化学实验等科学研究中，求"真"是核心价值，不能为了完成实验任务，就在实验数据上弄虚作假，否则就会失去所有的意义，这就要求专业教师全程做好廉洁纪律的教育工作，引导他们崇尚廉洁、敬畏廉洁、践行廉洁。

### 三、廉洁教育与专业教育有机融合的实施路径

（一）将廉洁教育融合于人才培养方案当中

高校在制定或修改人才培养方案时，要根据各专业特点，有效融合廉洁教育要素，使人才培养方案真正体现育人品质。既要紧密结合经济社会发展需要和学生实际需求，优化课程组合、培养环节和教学内容，又要不折不扣落实立德树人的根本任务和要求。通过增设专业思政环节，或增加"课程思政"课时，把廉洁教育要素融合于其中，如举办专业廉洁讲座，或开设课程"微思政"，让学生始终牢记毕业后从事专业相关工作，必须遵守哪些专业纪律、具备什么职业道德。

（二）专业课教师要做到"师德高""师能强"

在"师德高"方面，要以"廉洁从教"为基本要求。"身教"重于"言传"，这是教育的永恒真理，特别是对大学生进行廉洁教育，教师要发挥示范引领作用。以往在教师群体中存在借学生挂科之机要求请客送礼、受家长不当请托收受贿赂、教师学术不端行为等，这是典型的校园腐败，难以树立教师的廉洁形象。因此，要加强师德师风建设。在"师能强"方面，要以"教书育人"为基本要求，既能够教好专业知识和技能，又能够在专业课程的教学中挖掘或融入廉洁教育元素，教会学生做人，做廉洁诚信的人。专业课教师既要教书，更要育人，要做"大先生"，不做"教书匠"。

（三）将廉洁教育融合到专业课教学当中

专业课教学是学生接受教育的主渠道，廉洁教育要充分利用好这个主渠道，将廉洁理论、廉洁知识、廉洁精神等廉洁教育元素融合到专业课的教学当中，为学生提供丰富的廉洁营养"套餐"。在专业课的教学过程中，巧妙挖掘或灵活融入廉洁教育元素，不仅使课程教学变得更加丰满、更有灵性，而且充分体现了专业课教师高超的教学艺术，专业教育也因此更具亲和力与吸引力。专业课教学融合廉洁教育，不仅限于将廉洁教育元素融合到课程教学内容中，也可以结合专业教育特点，通过讨论式、案例式、模拟式、项目式等方式来融合廉洁教育元素。

（四）将廉洁教育融合于专业教育的关键节点

专业教育的整个过程有很多关键节点，如新生入学教育、课程考试、专业见习实习、毕业论文（设计）等，都是学生专业成长的关键节点。高校应把握好廉洁教育融合的时机，如在新生入学教育中重点加强诚信教育；在课程考试中加强作弊防治工作，确保学生诚信考试；在专业见习实习中，强调学生要严格遵守见习实习单位的工作纪律，做到遵纪守法、勤廉工作；在毕业论文（设计）、课程论文、实验报告等方面加强查重力度，并严肃处理违纪行为，让学生深切感受到廉洁纪律无处不在，做到警钟长鸣，从而不断提高他们的法纪意识，树立正确的廉洁价值观。

（五）利用信息技术创新融合廉洁教育

当今时代是信息化时代，信息技术已经广泛应用于教育领域，极大地拓展了高等教育的时空。随着在线教育、手机课堂、翻转课堂、慕课等新兴教育模式的普及推广，为在专业教育中融合廉洁教育提供了可能。在通过亲身体验、模拟仿真、人工智能等方式开展专业教育的同时，创新融合廉洁教育元素，既能够增强廉洁教育与专业教育的互动性、协同性，也能够提升两种教育融合的趣味性、吸引力。现代信息技术的高度发展，使知识的获取和思想的交流变得泛滥和随意，知识碎片化、思想在式微，如何通过组织化教学塑造价值，需要我们予以回应，以技术赋能融合廉洁教育，是信息化时代课堂教学育人功能的价值再造。

## 第四节　大学生廉洁教育与社会实践有机融合

习近平总书记在学校思想政治理论课教师座谈会上强调指出："要坚持理论性和实践性相统一，用科学理论培养人，重视思政课的实践性，把思政小课堂同社会大课堂结合起来，教育引导学生立鸿鹄志，做奋斗者。"① 为大学生廉洁教育与社会实践的有机结合指明了方向。

---

① 习近平. 用新时代中国特色社会主义思想铸魂育人　贯彻党的教育方针落实立德树人根本任务——在学校思想政治理论课教师座谈会上的讲话［N］. 人民日报，2019－03－19（1）.

## 一、对廉洁教育与社会实践有机融合的认识

### (一) 廉洁教育与社会实践融合是认识世界的重要方式

坚持教育与生产实践相结合是我国教育方针的重要内容。社会实践强调的是对知识的应用和发展,实践过程就是对思想和理论的验证。新时代的大学生由于受物质生活空间所限,他们以大学校园为主要的物质生活空间,而精神生活空间才是他们的广阔天地,网络生活成为他们精神生活的主场,但由于网络的虚拟性、跨越性等特征,导致很多大学生对校外的现实社会显得日益难以适从。基于此,高校应不断拓展大学生的社会实践活动空间,丰富社会实践活动形式,让他们能够更直接地体悟世界、认识世界和改造世界。从廉洁教育和社会实践融合的角度来看,大学生只有参与到反腐倡廉的社会实践中,才能真正了解我国当前反腐倡廉建设的形势和任务,了解党风廉政建设和反腐败斗争取得的伟大成就,了解广大老百姓对反腐倡廉的满意度和未来期待。也只有亲身参与反腐倡廉的社会实践活动,他们才能够不断增强廉洁自律意识,形成正确的廉洁价值观和提高拒腐防变能力。当然,大学生也可以通过互联网了解相关信息,但"实践是检验真理的唯一标准",网络永远也无法取代社会实践的体验性和真实性。通过实践育人,让大学生在亲身参与活动中,认识社会、了解国情、关注民生,在增长才干中磨练意志,在磨练意志中坚定廉洁信念,进而形成崇尚廉洁、坚守廉洁、践行廉洁的真挚感情。

（二）廉洁教育与社会实践融合是道德引领的有效途径

大学生的社会实践活动不是盲目的实践活动，而是要围绕立德树人这个根本任务来开展，是有目的、有计划、有组织的社会实践活动。这就需要在实践活动中加强思想政治引领，作为思想政治教育重要组成部分的廉洁教育，当有机融合到社会实践活动中时，就能够对实践活动发挥道德引领和精神塑造的作用，使大学生在社会实践活动中，自觉加强廉洁自律，共同维护廉洁纪律。社会实践活动是高校社会服务职能的重要载体，加强大学生在社会实践活动中的廉洁教育，有利于高校树立廉洁的社会形象，不断激发大学生积极建设"廉洁中国"的青春力量。

（三）廉洁教育与社会实践融合是践行廉洁的生动体现

大学生廉洁教育不仅仅是为了增强廉洁意识和树立廉洁价值观，更为重要的是提高他们的拒腐防变能力，而社会实践活动为提高大学生拒腐防变能力提供了践行的平台。通过社会实践活动，可以从两个方面体现出大学生的拒腐防变能力如何。一是在社会实践活动中，学生是否学会了廉洁自律，是否廉洁地参与社会实践活动；二是通过社会实践活动来提高他们的拒腐防变能力，即教会他们如何识别腐败、如何拒绝腐败、如何反对腐败等相关的反腐倡廉技能。在现实的高校社会实践中，仍有个别大学生存在侵吞活动经费、用学校资源拉活动赞助中饱私囊等腐败行为，也有学生发现身边出现腐败行为而不想举报、不敢举报，甚至不会举报，这就需要在社会实践活动中融合廉洁教育因素，以检验大学生践行廉洁的成效。

## 二、廉洁教育与社会实践有机融合的思路

高校应组织学生开展形式多样的"廉洁"主题社会实践活动，以传播廉洁文化、廉洁精神和传授反腐倡廉的基本技能等，让学生在参与廉洁实践活动中感受廉洁价值，强化廉洁意识，提高拒腐防变能力等。高校要利用寒暑假期组织学生深入基层宣传党和国家的反腐倡廉政策文件，以促进大学生内化廉洁知识；组织学生参观廉政教育基地、参观纪检监察部门、开展廉洁文化调研等，以促进大学生不断增强廉洁自律意识，勇于同腐败行为作斗争，积极参与反腐倡廉活动。

## 三、廉洁教育与社会实践有机融合的路径

### （一）完善廉洁实践教育组织

针对廉洁教育的边缘化问题，高校应完善廉洁实践教育的组织建设。一是以学校学生工作部（处）和学校团委为核心，在校内各级学生党团组织中设置纪检部门。如在校级学生会和二级院系团委、学生会设置纪检部门，在学生党支部设置纪检委员，并赋予他们组织开展廉洁实践教育的工作职责。二是在班级班委中设置纪检委员，负责组织开展以廉洁为主题的班团会、报告会等。三是支持组建大学生廉洁社团，组织开展廉洁实践活动。通过建立健全组织体系，保障廉洁实践教育的有效开展。

## （二）创新廉洁实践教育模式

建立大学生廉洁档案，将廉洁实践教育纳入廉洁档案管理，廉洁档案要真实记录学生的廉洁诚信轨迹，客观评价廉洁实践综合表现，促进大学生成长成才。一是丰富廉洁实践内容。廉洁实践教育包括参加校内的廉洁征文比赛、廉洁书画比赛、廉洁演讲比赛、廉洁知识讲座等廉洁文化实践活动，也包括参加校外的廉洁政策宣传、廉洁主题调研、廉洁警示教育等社会实践活动。二是实行廉洁实践学分制。既可按次数参加廉洁实践记学分，也可按廉洁实践学时记学分，廉洁实践学分作为学生入党入团、评优评先的考察指标。三是运用信息技术对廉洁实践进行管理。通过网络平台对大学生的廉洁实践进行数据收集分析，学生可以通过网络终端查到自己的廉洁实践信息。

## （三）编写社会实践活动指导手册

高校编写社会实践活动指导手册，在指导手册中渗透廉洁教育元素，通过手册指导学生开展社会实践活动，可以有效提升廉洁教育与社会实践的有机融合。高校还可以编写廉洁实践指导手册，指导学生开展廉洁政策宣传、廉洁文化调研、廉洁警示教育等廉洁实践活动，能够避免学生开展廉洁实践活动的盲目性，提高廉洁实践活动效果。同时，加大对社会实践活动的指导和经费支持，以课题项目的形式来打造廉洁实践教育品牌。

## 第五节 大学生廉洁教育与校园文化有机融合

习近平总书记在全国高校思想政治工作会议上强调："要更加注重以文化人以文育人，广泛开展文明校园创建，开展形式多样、健康向上、格调高雅的校园文化活动，广泛开展各类社会实践。"① 校园文化是直接影响大学生成长成才的环境因素，建设风清气正的校园文化，让廉洁文化成为校园的主流文化，是新时代高校校园文化建设的应然选择。

### 一、校园文化对大学生廉洁教育的功能支撑

校园文化具有教育导向、引领规范、激励凝聚、文娱调节、开发创造等功能，对加强大学生廉洁教育，培养德智体美劳全面发展的时代新人，具有重要的现实意义。

#### （一）有利于高校整合廉洁教育资源

高校校园文化是指在高校发展过程中形成的，"反映着人们在生活方式、价值取向、思维方式和行为规范上有别于其他社会群体的团体意识、精神氛围"②。高校校园文化主要包括智能文化、物质文

① 习近平. 把思想政治工作贯穿教育教学全过程 开创我国高等教育事业发展新局面 [N]. 人民日报，2016 – 12 – 09（1）.
② 潘懋元. 新编高等教育学（2 版）[M]. 北京：北京师范大学出版社，2009：530.

化、规范文化、精神文化四个方面。校园文化是独具特色的亚文化，是维系学校团体凝聚力和向心力的精神力量。校园文化蕴含着思想道德观念、校风教风学风、校纪校规校训、精神信仰价值等丰富内涵，而这些丰富内涵正是高校开展大学生廉洁教育、培育大学生廉洁素养的重要资源和途径。由此可见，校园文化建设和廉洁教育在人才培养目标和途径上是高度吻合的。校园文化建设的多主体、多载体和多样化，为高校开展廉洁教育提供了广阔平台，拓宽了廉洁教育的实践路径，形成了全过程、全方位、全员化的大学生廉洁教育体系。大学生廉洁教育的深入开展，又为校园文化建设提供了有力抓手，从而有效拓展校园文化建设的内涵，提升校园文化建设的层次和品位。

（二）有利于高校形成风清气正的育人氛围

自古以来，廉洁文化是中华优秀传统文化的重要组成部分，清正廉洁、廉洁自律是中华儿女尊崇的道德品质，可以说，中华民族有着崇尚廉洁、敬畏廉洁、践行廉洁的历史文化，是新时代建设"廉洁中国"的精神财富和强大动力。然而，在多元文化和市场经济的冲击下，廉洁文化受到了极大威胁，反腐倡廉面临着严峻挑战，各种腐败现象和不正之风侵袭着圣洁的大学校园，部分大学生出现了学术不端、学风不正、贪污腐化等不良行为，甚至有的大学生认为廉洁自律是对个性的自我禁锢。在校园文化建设中，高校要通过开展形式多样、丰富多彩的廉洁教育活动，努力营造风清气正的校园文化，使大学生在廉洁知识教育中认识到清正廉洁的重要意义，在廉洁实践教育中体悟到廉洁自律对成长成才的重要价值，进而主动增强廉洁意识，树立正确廉洁价值观，不断提高拒腐防变能力。为步入社会、走上工作岗位后，成为中国特色社会主义合格建设者和可靠接班人，奠定坚实的道德基础。

### （三）有利于高校传承弘扬廉洁精神

校园文化本身具有很强的传承性，廉洁校园文化一旦形成，就会产生巨大的凝聚力和向心力，在群体之间、代际之间被模仿、扩散和传递。通过校园文化建设而形成的廉洁精神，会经久不衰地熏陶和感染大学生，从而实现大学生廉洁教育的"春风化雨"和"润物无声"。正如涂又光先生所言，"校园是泡菜坛，文化就是泡菜水，学生就是泡菜；有什么样的泡菜水，就会泡制出什么样的泡菜"①。新时代的大学生，是青年群体中的精英，具有较高的文化素养和道德品质，对他们进行廉洁教育，引导他们树立正确的廉洁价值观，就相当于在社会中播下"廉洁种子"。随着高等教育的普及化，在不久的将来，就会在全社会收获廉洁的"硕果"，建设"廉洁中国"指日可待。

### 二、校园文化建设中廉洁文化缺失的主要表现

廉洁文化作为校园文化的重要组成部分，在当前的高校校园文化建设中，还没有得到很好的体现；校园文化作为大学生廉洁教育

---

① 杨叔子. 校园文化与时代精神 [J]. 中国高教研究，2007 (3)：4.

的重要载体，也还没有为开展廉洁教育提供有力支撑。校园文化建设中廉洁文化缺失主要表现在以下几个方面。

（一）重视物质环境建设，忽视廉洁文化的凝练

美丽的校园总是让人流连忘返、心旷神怡。近年来，很多高校不断加大投入，建起漂亮的楼宇和环境，添置高端的硬件设备，对数量规模和外观津津乐道，反而忽视了物质环境所应承载的精神文化的凝练与塑造。其实，每所高校都是在艰苦奋斗中成长起来，都有着自己独特的办学理念和办学优势，如果在物质环境建设中脱离了蕴含于其中的大学精神及其廉洁文化，再美的校园也会失去育人的灵魂和意义。

（二）重视教师的廉政教育，忽视学生的廉洁教育

在全面从严治党的大背景下，高校不断加强党风廉政建设和反腐败斗争，不断加强教师的廉政教育，这是理所应当的政治任务，也是校园文化建设的重要内容。但在这个过程中，忽视了学生作为重要参与者的地位和作用，没有融入大学生的廉洁教育，导致教师的廉政教育与学生的廉洁教育割裂，无法发挥双方的融合互动作用，学生成为旁观者，某种程度上制约了校园廉洁文化的整体构建。如何将教师的廉政教育和学生的廉洁教育进行整合开发，成为当前高校"三全育人"体系建设面临的重大课题。

（三）重视文化活动的娱乐性，忽视廉洁文化的导向性

丰富多彩的校园文化活动能够促进大学生劳逸结合、身心健康，

提高学习效率。于是，高校组织开展了丰富多彩的文化活动，为了吸引学生眼球，有些高校开展的文化活动往往娱乐性项目偏多、启迪性项目不足，没有起到思想引领的作用，廉洁文化教育的导向性不突出，在提供展示自我机会的同时，也助长了精致利己主义思想的出现。因此，高校在丰富校园文化活动内容和形式的基础上，应重视开展主题鲜明的廉洁文化教育系列活动，充分发挥校园文化活动作为廉洁教育载体的重要作用。

### 三、廉洁教育与校园文化有机融合的路径

校园文化就像空气，充盈着校园的每个角落，渗透到全体师生的思想观念、言行举止、为人处世当中，将廉洁观渗透到全体师生的学习、工作和生活中，实现廉洁教育与校园文化的有机融合，是高校加强廉洁教育的有效途径。

（一）以高校精神载体作为大学生廉洁教育的引领

高校精神载体是高校校园文化的核心，其主要包括校史、校训、校歌等，各高校在长期办学历程中，凝练形成独具特色的精神载体，并时刻影响着师生的精神风貌和思想言行。高校开展大学生廉洁教育，要大力挖掘校史中关于艰苦奋斗、清正廉洁、诚实守信的典型人物和故事，并充分利用视频、图片、话剧等手段来还原和呈现历史，让广大学生深刻领会廉洁自律、清正廉洁对个人成长成才的重要意义。如百色学院前身广西省立田西师范学校首任校长岑永杰先生，在战火纷飞的年月里，秉持"教育救国"的理想信念，克服重

重困难，自力更生建校，推进边区文化、培养卫国英雄。他的艰苦奋斗、不屈不挠的崇高品德时刻激励着广大师生扎根红色沃土，传承红色基因，弘扬革命传统。在建校 80 周年之际，百色学院创作的话剧《岑永杰》引起热烈反响。

大学校训是大学师生共同遵守的基本行为准则与道德规范，是大学文化精神的核心体现。在开展大学生廉洁教育中具有灵魂和导向的作用，如陇东学院的"崇德尚实"、宁夏大学的"尚德"、百色学院"德高业精"、西北大学的"公诚勤朴"等都是校训中蕴含的廉洁元素。烟台大学的"育德守纪"、国家会计学院的"不作假账"、北京林业大学的"养青松正气、法竹梅风骨"、江西财经大学的"信敏廉毅"和苏州大学的"养天地正气、法古今完人"等更是廉洁精神的具体体现，是涵育大学生廉洁思想的重要载体。

校歌是学校办学理念、校园精神和学校特色的集中体现，也是开展大学生廉洁教育的重要精神载体。如南京大学校歌的"诚实之德多么伟大，整个世界都为之鼓动"、西南大学校歌的"崇德尚善"、华东理工大学校歌的"励志明德"、南昌大学校歌的"励志节，戒荒嬉"、江西财经大学校歌的"不惑不忧，不惧不淫，不移不屈"、广州大学校歌的"崇德崇实崇真"、临沂大学校歌的"德为重，才为本，弘道为要义"等歌词，蕴含着清正廉洁、廉洁自律的文化基因，在师生的传唱中自然促进了廉洁教育。

（二）以教师廉洁魅力作为大学生廉洁教育的示范

高校教师对大学生的成长成才具有重要的示范引领作用，教师不仅要"学为人师",更要"行为世范",通过教师的言传身教、以身作则,引导大学生树立正确的廉洁价值观。高校要以"有理想信念、有道德情操、有扎实学识、有仁爱之心"的"四有好老师"为标准,大力加强师德师风建设,推动教师"立廉德""育新人",将廉洁从教、廉洁科研纳入师德考评体系,着力打造干净担当、清正廉洁、爱岗敬业的教师队伍,以教师的廉洁魅力为大学生做好示范,以教师的高尚人格引领大学生树立正确廉洁价值观。

(三) 以身边勤廉榜样作为大学生廉洁教育的表率

在任何时候,高校都不乏勤奋廉洁的动人故事,这是大学生廉洁教育的最好资源,因为这些勤廉榜样就在大学生的身边,是大学生可亲、可见、可学的对象。近年来,在反腐倡廉的时代背景下,各地区各部门选树身边的勤廉榜样蔚然成风,高校也不例外。如百色学院自 2017 年以来,每年都评选 10 名校园勤廉榜样,他们既有教师,也有学生。通过挖掘勤廉榜样的先进事迹,宣传勤廉榜样模范作用,发挥勤廉榜样的示范效应,使身边勤廉榜样成为校园廉洁风尚的表率,激励着广大师生学习榜样、争做榜样、赶超榜样,极大地促进了大学生的廉洁教育。

(四) 以校园文化活动作为大学生廉洁教育的抓手

校园文化活动是大学生学习生活的重要内容,丰富多彩的校园文化活动可以拓展学生的视野。提高学生的综合实践能力,主题鲜明的校园文化活动可以提升学生的思想境界和精神素养。高校在组织开展好每年由教育部主办的全国高校廉政文化作品征集暨廉洁教育系列活动的同时，可以结合本校实际，打造以"守规矩、倡廉洁、扬正气""廉洁与青春同行"等为主题的廉洁教育系列活动，通过演讲比赛、书画大赛、征文比赛等形式多样的活动，吸引学生参与其中，让学生深刻领会廉洁的内涵和意义；通过邀请勤廉榜样、专家学者走上讲台，开展廉洁教育主题报告、论坛等形式引领大学生学榜样、做榜样；利用高校科研优势，组织学生申报廉洁教育研究课题，在提高学生科研能力的同时，为传承发展廉洁精神文化提供智力支持。让廉洁文化真正成为校园文化的主流文化，助推廉洁大学建设工程。如百色学院，每年都组织开展廉洁教育系列活动，在2019年，为庆祝中华人民共和国成立70周年，纪念"五四"运动100周年、百色起义90周年，举办以"百色精神铸红魂、读听写讲促廉洁"为主题的系列教育活动，通过开展读红色书籍、听红色讲座、写心得体会、办演讲比赛等活动，达到了传承红色基因、养成廉洁风尚、落实立德树人的教育目的。

（五）以物质制度环境作为大学生廉洁教育的沃土

物质制度环境是大学生学习生活的主要物理空间，也是开展大学生廉洁教育的肥沃土壤，高校应充分利用广场、运动场、楼宇、教室等物理空间，集中展示廉洁理念、廉洁标语、廉洁典范等廉洁教育内容。在食堂、教学楼、图书馆等人流量大的场所，以视频、图片、实物等方式展示廉洁教育成果内容，营造浓厚的廉洁教育氛围，激发大学生树立廉洁观念、涵育廉洁素养。如百色学院，把食堂命名为"德馨楼"，在校园主干道边建设了"廉政文化长廊"，定期展示反腐倡廉文化内容；在校园广场周围建设了"清风苑"，成为学校一道靓丽的风景线，"清风苑"把关于廉洁的名言警句刻在石头或石桌、石凳上，让学生在其中开展学习和文化活动的过程中，也无形中刻进了他们的心灵深处。

（六）以高校新媒体作为大学生廉洁教育的平台

随着信息化时代的到来，网络生活成为大学生的主要生活方式，网络文化成为校园文化的重要内容，高校的新媒体平台也因此异军突起，校园 BBS、大学生易班、"两微一端"等新媒体成为大学生廉洁教育的重要平台，其可视性高、互动性强等优势广受学生欢迎。高校应充分利用新媒体新技术开展廉洁教育，利用大数据、云计算、人工智能等信息工具分析学生的网络生活习惯和偏好，制作精美的"廉洁教育产品"，提供个性化廉洁教育服务，做到"廉洁教育产品"的"适销对路"。如开展廉洁教育微直播、微寄语等网络活动，吸引学生参与廉洁教育话题，分享廉洁教育感悟，提供廉洁教育建议等；通过网络开展"勤廉榜样"评选活动，鼓励学生积极参与、主动加入，不断增强廉洁教育的互动性和趣味性，让廉洁教育"活起来""酷起来"，使大学生在廉洁的"网络生活"中成长成才。

# 第十章

# 新时代大学生廉洁教育的保障体系

要高质量推进大学生廉洁教育，必须建立健全保障体系，从廉洁教育师资队伍建设、完善廉洁教育条件保障、健全廉洁教育评价机制、寻求廉洁教育社会支持等四个方面入手。

## 第一节　加强大学生廉洁教育的师资队伍建设

2018 年 5 月，习近平总书记在北京大学师生座谈会上强调指出，"人才培养，关键在教师。教师队伍素质直接决定着大学办学能力和水平"，"建设政治素质过硬、业务能力精湛、育人水平高超的高素质教师队伍是大学建设的基础性工作"。① 师资队伍是保障大学生廉洁教育高质量发展的关键，高校要以政治强、情怀深、思维新、视

---

① 习近平. 在北京大学师生座谈会上的讲话 [EB/OL]. 新华网，2018 - 05 - 03.

野广、自律严、人格正为基本要求，建设高素质的廉洁教育教师队伍。

以师德师风建设为核心，着力打造廉洁的廉洁教育教师队伍。

从事廉洁教育的教师本身必须要廉洁才具有威信和说服力，这是保障大学生廉洁教育取得实效的根本所在。高校要以师德师风建设为核心，着力打造政治过硬的廉洁教育教师队伍，把师德师风建设与廉洁教育教师队伍建设进行有机结合。一是强化师德师风制度建设。将师德师风作为廉洁教育考评的重要内容，制定科学有效的师德考评指标体系，实行师德"一票否决制"。二是完善师德师风监督机制。探索实行由纪委、组织、宣传、人事、教务等多部门参与的师德师风监督体系。三是拓展师德师风评价覆盖面。构建由教育主管部门、学校、教师、学生和社会共同参与的师德师风评估机制。四是突出师德师风建设的正向引领。选树廉洁教育优秀教师，宣传和分享廉洁教育成果，正向引领大学生廉洁教育的深入开展。

以培养时代新人为导向，多措并举推进廉洁教育教师多元化。

有理想、有本领、有担当是时代新人的基本内涵，要培养时代新人，就要建设多元化的廉洁教育教师队伍。一是建设专业化的廉洁教育教师队伍。从目前来看，尚无高校有专职的廉洁教育教师，更谈不上形成队伍，要建设专业化的廉洁教育教师队伍，可以从现有的"两课教师"和辅导员队伍中进行专业化建设，这里的专业化并非专职化，而是通过培训培养的方式形成专业化的廉洁教育教师队伍，使他们全面掌握廉洁教育的理论知识、教育规律和基本技能等，让他们专门担任廉洁教育的通识课程教学，实现更有针对性的大学生廉洁教育。二是建设复合型的廉洁教育教师队伍。廉洁教育与思政课高度相关，与专业课也不无关系，因此，可以对思政课教师和专业课教师进行适当的廉洁教育教学技能培训，使他们在思政课和专业课的教学过程中，能够有机融入廉洁教育内容并挖掘内含的廉洁教育元素，在"守好一段渠、种好责任田"的同时，实现各类课程与廉洁教育同向同行，形成协同效应。如教授法学课程的教师，可以教给学生廉政建设的有关法律法规以及如何到基层宣讲反腐倡廉知识。三是建设兼职型的廉洁教育教师队伍。高校可以聘请校内外的专家、学者和纪检监察机关、政法机关领导等组成兼职型廉洁教育教师队伍，让他们给学生做廉洁教育专题讲座，提高廉洁教育的权威性、感染力和影响力，合力培养堪当民族复兴大任的时代新人。

以创新体制机制为抓手，推动廉洁教育教师队伍建设科学化。

为推进大学生廉洁教育常态化，高校应通过体制机制创新，推动廉洁教育教师队伍建设的科学化、规范化。一是构建整体协同的工作体系。建立党委领导、党政共管、部门合作的领导机制，建立职责明晰、资源共享、有效融合的协调机制，确保廉洁教育教师队伍建设的高效推进；强化制度保障，围绕政治素质、理论武装、师德师风等重要内容，建立包括入职、培训、管理、考核等完善的制度体系。二是构建灵活高效的教育培训体系。贴近教师需求，根据廉洁教育教师的实际需要，提供个性化、菜单式的教育服务；拓展培训载体，利用新媒体新技术，为教师培训提供更多平台；创新学习方式，将集中与自主学习、线上与线下学习、理论与实践学习进行有机结合，形成灵活高效的教育培训体系。三是构建立体多元的激励体系。营造"以师为本"的氛围，健全廉洁教育教师人文关怀、利益诉求、帮扶成长等机制，增强教师的幸福感；定期组织开展优秀教师评选活动，并适当向廉洁教育教师倾斜，激励榜样发挥示范作用，增强教师的荣誉感；优化政策激励，在薪酬待遇、职称评聘、职务晋升等方面对廉洁教育教师予以适当照顾。通过体制机制创新，吸引更多教师参与到大学生的廉洁教育当中。

## 第二节　完善大学生廉洁教育的条件保障

大学生廉洁教育是个系统工程，需要组织保障、财物保障、时间保障、空间保障、技术保障等方面的条件保障，才能确保落实立德树人的根本任务。

### 一、组织保障是大学生廉洁教育的根本条件

习近平总书记在全国高校思想政治工作会议上强调："高校党委对学校工作实行全面领导，承担管党治党、办学治校主体责任，把

方向、管大局、作决策、保落实。"① 高校党委要站在"铸魂育人"的高度，发挥思想政治教育的"司令部"作用，统筹推进大学生廉洁教育。首先，在思想上要高度重视大学生廉洁教育。转变过去只注重开展"运动式"的廉洁教育观念，把培育大学生廉洁观作为立德树人的重要内容，纳入"三全育人"体系。其次，要制定切实可行的大学生廉洁教育规划。结合新时代反腐倡廉要求和本校实际，制定中长期发展目标和具体实施方案，把大学生廉洁教育列入年度思想政治工作计划当中。第三，成立专门的大学生廉洁教育组织机构。依托马克思主义学院，成立大学生廉洁教育教研室，负责开展大学生廉洁教育通识课程教学和研究工作，并组织实施大学生廉洁教育评估工作。

### 二、财物保障是大学生廉洁教育的基本条件

如果没有充足的财物保障，大学生廉洁教育就像无源之水、无本之木，难以正常运行，为此，高校应加大对大学生廉洁教育的财力、物力投入。一是加大经费投入。设立大学生廉洁教育专项经费，并做好经费预算与合理高效开支，确保大学生廉洁教育的有效开展，同时建立经费持续投入和增长投入机制。二是加大物资投入。为大学生廉洁教育提供相应的教学设备、器材、场地等，为师生提供充足的相关图书和音像资料，为教师培训和科研提供相应的物质支持。

---

① 习近平. 把思想政治工作贯穿教育教学全过程 开创我国高等教育事业发展新局面 [N]. 人民日报，2016 - 12 - 09（1）.

### 三、时间保障是大学生廉洁教育的主要条件

长期以来，由于高校对大学生廉洁教育不够重视，导致没有足够的时间保障，存在廉洁教育时间总量不足、廉洁教育教学时间被挤占、廉洁教育主题活动不多、廉洁教育讲座报告较少等问题，很多高校没有开设廉洁教育通识课程。为此，高校要合理安排廉洁教育时间，在规划课时和课程设计上下功夫，合理分配廉洁教育课时，优化廉洁教育通识课程，每学期让学生接受定量的廉洁通识教育；充分利用课外时间引导学生参与线上线下的廉洁教育主题活动；利用寒暑假时间组织学生参与校外廉洁教育实践活动。

### 四、空间保障是大学生廉洁教育的重要条件

要实现全方位育人目标，就要不断拓展和升级教育空间，随着信息化时代的到来，新媒体新技术在高校得到广泛运用，教育空间不再局限于课堂教学，而是从教室之内扩展到了教室之外，从实体空间延伸到了虚拟空间。具体到大学生廉洁教育，空间保障主要包括廉洁教育学习办公场所、校外廉洁教育基地建设、廉洁教育网络平台空间等。在廉洁教育学习办公场所方面，可以建立廉洁教育管理中心或研究中心，为师生学习和办公提供保障；在校外廉洁教育基地建设方面，可以主动和社会廉政教育基地、纪检监察机关、政法机关等部门合作，为大学生提供廉洁警示教育和实践活动保障；在廉洁教育网络平台空间方面，可以在学校网络思政平台、易班中

心等虚拟空间开辟网络廉洁教育栏目或专题，最大限度吸引学生参与组织、策划和宣传推广。此外，还可以组织师生到兄弟院校进行考察学习，拓展交流空间。

**五、技术保障是大学生廉洁教育的必要条件**

高等教育现代化离不开先进的技术作为保障，就大学生廉洁教育而言，做好技术保障主要有廉洁教育智库建设、廉洁教育数据中心建设、廉洁教育网络媒体建设等。通过廉洁教育智库建设，整合校内外廉洁教育师资，搭建开放性、共享型的服务平台，为高质量推进廉洁教育提供智力支持；通过廉洁教育数据中心建设，收集汇总相关数据信息，利用大数据技术分析研判廉洁教育的问题和发展趋势，为廉洁教育提供精准的信息服务；通过廉洁教育网络媒体建设，提供优质高效的网络技术服务，确保廉洁教育的正常运行。

## 第三节　健全大学生廉洁教育的评价机制

教育评价是保障教育质量的重要手段，科学完善的评价机制能够指导大学生廉洁教育的持续改进和提高。因此，建立健全大学生廉洁教育评价指标体系，选择有效的评价方法，是高校廉洁教育工作的重要任务。

## 一、科学制定评价目标和评价指标

在准确把握廉洁教育发展规律和学生成长规律的基础上，结合实际制定切实可行的廉洁教育发展规划，分阶段多维度构建廉洁教育的各项目标。在阶段上可以按照五年规划来制定总体目标，并分别设定年度分目标；在维度上可以按照廉洁教育的投入维度、过程维度、影响维度、效果维度等来划分。每个维度又可以细分为二级指标，比如，投入维度可以细分为人力投入、物力投入、财力投入；效果维度可以细分为学生的廉洁认知、廉洁情感、廉洁意志、廉洁行为等指标。在二级指标下，再制定具体的测量指标，如人力投入这个二级指标，其测量指标（观测点）可以包括廉洁教育师资数量及其在全校教师中所占的比例、与去年相比的增减幅度等；再如效果维度的二级指标廉洁认知，可以通过观测学生对廉洁理论知识的掌握程度、学生的廉洁教育课程成绩和学生对反腐倡廉的了解和见解如何等来判断。

## 二、坚持以问题为导向强化跟踪评价

评价的根本目的是为了及时发现问题、及时纠偏和提高质量。因此，高校要坚持以问题为导向，强化廉洁教育的过程性评价，安排专业人员对廉洁教育进行跟踪监测，全面掌握廉洁教育的实施情况，及时发现偏离廉洁教育目标的问题，并准确分析问题产生的原因。在跟踪评价的方法上，可以通过与教师的深入交流，系统了解廉洁教育在实施过程中面临的困难和问题；也可以通过校园网络平台进行问卷调查，收集学生对廉洁教育的意见、建议等，力求多渠道、全方位地掌握廉洁教育存在的问题。

### 三、及时反馈问题并落实解决方案

根据廉洁教育实施过程中出现的问题，深入分析问题产生的原因，特别是体制、机制方面的原因，要及时反馈给相关部门，共同提出解决方案，以便从根本上彻底解决问题。在这个过程中，要加强对问题解决的监督检查，确保解决方案落实到位，在不断完善廉洁教育规划中，推动实现既定的各项目标，从而有效促进廉洁教育高质量发展。

## 第四节 寻求大学生廉洁教育的社会支持

习近平总书记在全国教育大会上强调指出："办好教育事业，家庭、学校、政府、社会都有责任。"① 大学生廉洁观的形成不仅受到学校教育的影响，也会受到来自家庭、政府、社会等多方面的影响。高校要树立协同教育理念，积极寻求社会支持，发挥各自优势、取长补短，打造全社会共同参与的大学生廉洁教育新格局。

---

① 习近平. 坚持中国特色社会主义教育发展道路 培养德智体美劳全面发展的社会主义建设者和接班人 [N]. 光明日报，2018 – 09 – 11 (1).

## 一、寻求与家庭合作开展大学生廉洁教育

习近平总书记在全国教育大会上强调："家庭是人生的第一所学校，家长是孩子的第一任老师，要给孩子讲好'人生第一课'，帮助扣好人生第一粒扣子。"① 特别是在廉洁教育方面，家庭教育的作用不可替代，家长的勤廉和廉洁的家庭对孩子廉洁观的塑造至关重要。当前，大学生中出现的各种违规违纪问题，很大程度上与家长在日常生活和工作中托关系、走后门、找靠山以及炫耀攀比、请客送礼等不良行为有很大关系，会潜移默化地影响孩子。因此，要抓好家长的廉洁教育，建立家校协同育廉机制，高校要主动和家长对接，通过家长会、电话沟通等方式及时反馈学生的廉洁表现，鼓励和引导家长自觉承担起对孩子进行廉洁教育，以廉洁的家风、门风帮助学生树立正确的廉洁价值观。

## 二、寻求与党政部门合作开展大学生廉洁教育

党政部门对大学生廉洁教育的支持有着独特优势，同时，各级党委和政府对培养社会主义建设者和接班人有着不可推卸的政治责任。高校要主动与地方纪检监察部门、政法部门进行沟通，借助他们的专业优势合作开展廉洁教育，通过"走出去、请进来"的方式加强大学生廉洁教育。"走出去"方式，如组织学生特别是学生党员

---

① 习近平. 坚持中国特色社会主义教育发展道路 培养德智体美劳全面发展的社会主义建设者和接班人 [N]. 光明日报，2018 – 09 – 11 (1).

到监狱听腐败犯罪人员"现身说法"，或到法庭旁听公开审判的腐败案件等，通过现场直观接受廉洁警示教育；"请进来"方式，如邀请纪检监察部门的有关人员到学校做廉洁教育讲座，发挥权威部门的震慑作用，形成反腐倡廉合力。

### 三、寻求与社会合作开展大学生廉洁教育

对大学生进行廉洁教育离不开社会舆论氛围的营造，网络媒体、广播电视等机构是营造社会舆论氛围的主角，在助推大学生廉洁教育方面有自身优势。如高校与新闻媒体联合制作廉洁教育主题宣传片、宣传板块或舆论话题等，以弘扬廉洁精神为核心，大力宣传社会的勤廉榜样，共同营造反腐倡廉的社会舆论氛围。高校还可以和文艺界合作，共同创作反映新时代廉洁风尚的优秀文艺作品，并进校演出宣传，使廉洁风尚成为社会的主旋律，助力"廉洁中国"建设。

# 附　录

教育部关于在大中小学全面开展廉洁教育的意见

教思政〔2007〕4号

各省、自治区、直辖市教育厅（教委），新疆生产建设兵团教育局，部属各高等学校：

为进一步贯彻中共中央《建立健全教育、制度、监督并重的惩治和预防腐败体系实施纲要》精神，落实面向全党全社会开展反腐倡廉教育的要求，切实履行《联合国反腐败公约》规定的义务，全面提高青少年学生的思想道德素质，在部分省市大中小学开展廉洁教育试点工作取得初步成效的基础上，从2007年起，在全国大中小学全面开展廉洁教育。为确保此项工作的顺利实施，现提出如下意见。

### 一、在大中小学全面开展廉洁教育的总体要求

1. 建立健全惩治和预防腐败体系是党中央在总结历史经验、科学判断形势基础上对反腐倡廉工作作出的重大战略决策。大中小学是培养人才、传承文明、建设先进文化的重要基地，担负着培养社会主义合格建设者和可靠接班人的重任。在大中小学全面开展廉洁教育，是面向全社会开展反腐倡廉教育的重要组成部分，是加强青少年思想道德教育的必然要求。各级教育行政部门和学校要站在确保中国特色社会主义事业代代相传、长治久安的战略高度，以对党的事业高度负责和对青少年学生健康成长高度负责的态度，充分认识在大中小学全面开展廉洁教育的重要性和必要性，认真做好这项工作。

2. 在大中小学全面开展廉洁教育，要坚持以邓小平理论和"三个代表"重要思想为指导，全面落实科学发展观，切实贯彻《建立健全教育、制度、监督并重的惩治和预防腐败体系实施纲要》精神，以社会主义核心价值体系为根本，以社会主义荣辱观为主线，遵循学校教育教学规律和青少年学生成长成才规律，突出重点，整体推进，把廉洁教育作为实施素质教育的重要内容，促进青少年学生健康成长，努力培养中国特色社会主义事业合格建设者和可靠接班人。

3. 在大中小学全面开展廉洁教育的基本原则是：（1）坚持与青少年思想道德建设相结合。（2）坚持与和谐校园建设相结合。（3）坚持与师德建设相结合。（4）坚持与大中小学生的受教育程度和认

知能力相结合。做到大中小学廉洁教育区分层次、整体衔接，注重实效，防止形式主义，增强教育的针对性和吸引力。

4. 小学阶段廉洁教育的目标和主要内容是：开展纪律教育和做人做事基本道理、文明行为习惯养成教育，通过开展介绍名人名言和英雄人物事迹活动，安排学生学习历史上有关清正廉洁故事、老一辈革命家的高风亮节和先进人物的典型事迹等活泼多样的方式，引导小学生逐步认识自我、认识社会，不断规范自身的行为习惯，为形成良好的品德奠定基础。

5. 中学阶段廉洁教育的目标和主要内容是：开展中华民族优良传统和中国革命传统教育，开展法制教育、社会公德教育和基本道德规范教育。初中阶段主要引导学生了解我国基本的廉政法律法规，结合一些正面的典型进行讨论，理解个人成长应具备的基本素质，理解个人与他人、个人与集体、个人与社会的关系，引领学生感悟人生意义，提高道德素质。高中阶段主要引导学生学习我国廉政条规和相关法律法规基本要点，结合正反两方面的典型进行讨论，引导学生树立公民道德和法律意识、诚信意识，培养高尚的道德情操；中等职业学校还要加强以诚信、敬业为重点的职业道德教育。

6. 大学阶段廉洁教育的目标和主要内容是：以社会主义核心价值体系为引领和主导，加强法制和诚信教育，加强社会公德、职业道德和家庭美德教育，组织学习党和国家关于党风廉政建设和反腐败方面的方针政策、法律法规等，引导大学生树立报效祖国、服务人民的信念，不断提高大学生的道德自律意识，增强拒腐防变的良好心理品质，逐步形成廉洁自律、爱岗敬业的职业观念。

## 二、在大中小学全面开展廉洁教育的方法和途径

7. 科学把握各教育阶段开展廉洁教育的方法。要结合青少年学生的身心特点、思想实际和认知规律，采用不同的教育方法，使廉洁教育贴近实际、贴近生活、贴近学生。对小学生和初中学生，要多采用形象直观的方法和生动有趣的活动形式，让学生在体验、感悟中得到启迪，逐步形成正确的认识。对高中学生和大学生，要以理性思考和辨析为主，通过说理、讨论等形式，使他们对廉洁的认知从感性认识提高到理性层面。要安排一定课时，开展廉洁专题教育，并组织开展以廉洁教育为主要内容的综合实践活动，通过内容丰富、形式新颖和吸引力强的实践活动，给广大青少年学生以潜移默化的影响。要大力弘扬淡泊名利、廉洁奉公、学为人师、行为世范的优秀教师典型和艰苦朴素、勤奋学习、自强不息、报效祖国的优秀学生典型，通过身边人、身边事教育师生。

8. 发挥课堂教学在廉洁教育中的重要作用。把廉洁教育与学科建设、素质教育紧密结合起来，正确处理廉洁教育与其他学科教学的关系，深入挖掘并整合现有学科的廉洁教育资源。把廉洁教育与课堂教学紧密结合起来，使学生在学习知识、增强能力和提高认识的过程中受到廉洁教育，加强思想道德修养。

9. 把学生课外活动作为廉洁教育的重要载体。紧密结合一些各具特色的传统学生课外活动项目，如中小学生的团日、队日和夏令

营、冬令营活动，大学生党日和暑期文化科技卫生"三下乡"社会实践等，开展廉洁教育活动。

10. 努力形成学校教育、家庭教育、社会教育在廉洁教育中的整体合力。发挥学校在廉洁教育中的主阵地作用，切实加强学校教育、家庭教育、社会教育的相互衔接，构建学校、家庭、社会紧密配合的廉洁教育网络。

### 三、加强领导，完善机制，把大中小学廉洁教育落到实处

11. 大力加强师德建设，充分发挥教师在开展廉洁教育中的引导和示范作用。把廉洁教育贯穿师德建设的各个环节，着力提高教师的思想政治素质、职业道德水平和廉洁自律意识。开展表彰和树立优秀教师先进典型等宣传教育活动，弘扬正气，引导广大教师用崇高的学识魅力和人格魅力，以"为人师表、言传身教、率先垂范"的实际行动，影响和教育学生。

12. 加强制度建设，规范学校管理，营造开展廉洁教育的环境。加强学校领导班子思想政治建设和党风廉政建设，使学校党政领导干部坚定理想信念，树立廉洁自律风范，着力构建思想道德和党纪法规防线。坚持科学管理，民主管理，依法管理，不断深化体制改革和制度创新，完善校内管理制度。

13. 加强校园文化建设，营造开展廉洁教育的良好氛围。要加强文化活动阵地建设，高度重视学生社区、学生公寓、网络阵地等在开展廉洁教育中的重要作用。注意挖掘校内资源，营造校园廉洁

氛围，发挥身边廉洁典型的作用。要加强宣传舆论阵地建设，充分利用校园宣传橱窗、校内广播电视、黑板报、校报（刊）等载体，大力宣传廉洁教育有关知识。充分发挥互联网的积极作用，建设开通廉洁教育专题网页或网站，组织开展形式多样的网上廉洁教育活动。精心设计和组织开展主题班（队）会、典型事迹报告会、学生论坛、案例辨析等主题教育活动，寓廉洁教育于文化活动之中。

14. 建立健全在大中小学全面开展廉洁教育的领导体制和工作机制。各地教育行政部门要主动加强与当地广电部门、新闻出版部门、共青团和妇联等相关工作部门的联系与沟通，高度重视在大中小学全面开展廉洁教育工作。要建立健全党委统一领导，党政齐抓共管，教务部门与学生工作部门、纪检监察部门及其他相关工作部门各负其责、广大干部师生共同参与的工作机制。

15. 为大中小学全面开展廉洁教育提供保障。加大督查力度，促使大中小学将廉洁教育的各项任务落到实处，加强培训和指导，在教师培训工作中有针对性地增加廉洁教育内容。建立健全工作研究机制，帮助基层解决在工作中遇到的困难和问题，全面提高工作水平，不断推进廉洁教育深入开展。

二〇〇七年三月二十七日

# 参考文献

[1] 习近平. 习近平谈治国理政：第 1 卷［M］. 北京：外文出版社，2014.

[2] 习近平. 习近平谈治国理政：第 2 卷［M］. 北京：外文出版社，2017.

[3] 中共中央宣传部. 习近平新时代中国特色社会主义思想学习纲要［M］. 北京：人民出版社，2019.

[4] 中共中央宣传部. 习近平总书记系列重要讲话读本［M］. 北京：学习出版社，人民出版社，2016.

[5] 中共中央国家机关工作委员会. 学习习近平同志关于机关党建重要论述［M］. 北京：党建读物出版社，2014.

[6] 中共中央纪律检查委员会，中共中央文献研究室. 习近平关于党风廉政建设和反腐败斗争论述摘编［M］. 北京：中央文献出版社，中国方正出版社，2015.

[7] 中国共产党中央委员会. 建立健全教育、制度、监督并重

的惩治和预防腐败体系实施纲要［M］. 北京：中国方正出版社，2005.

［8］张耀灿. 思想政治教育学前沿［M］. 北京：人民出版社，2006.

［9］张耀灿，郑永廷，吴潜涛，等. 现代思想政治教育学［M］. 北京：人民出版社，2006.

［10］郑永廷. 廉洁修身［M］. 广州：广东人民出版社，2007.

［11］沈壮海，王晓霞，王丹，等. 中国大学生思想政治教育发展报告2017［M］. 北京：北京师范大学出版社，2018.

［12］陈万柏，张耀灿. 思想政治教育学原理［M］. 北京：高等教育出版社，2007.

［13］刘云林. 当代中国社会思想政治教育［M］. 北京：中央文献出版社，2000.

［14］余明远. 思想政治教育学导论［M］. 西安：西北工业大学出版社，2012.

［15］鲁洁. 道德教育的当代论域［M］. 北京：人民出版社，2005.

［16］常天义，王开业. 高等学校反腐败概论［M］. 哈尔滨：哈尔滨工程大学出版社，2003.

［17］周卫东. 廉政理论研究［M］. 北京：中央编译出版社，2005.

［18］宋振国，刘长敏，等. 各国廉政建设比较研究［M］. 北

京：知识产权出版社，2006.

[19] 刘向兵，等. 新时代高校劳动教育论纲 [M]. 北京：社会科学文献出版社，北京：2019.

[20] 江春生. 中国特色社会主义廉政文化论 [M]. 广州：广东人民出版社，2006.

[21] 孙晓莉. 国外廉政文化概略 [M]. 北京：中国方正出版社，2007.

[22] 何增科. 政治之癌——发展中国家腐化问题研究 [M]. 北京：中央编译出版社，2008.

[23] 任建明，杜志洲. 腐败与反腐败理论、模型和方法 [M]. 北京：清华大学出版社，2009.

[24] 肖杰. 中国传统廉政思想研究 [M]. 长春：吉林大学出版社，2010.

[25] 张国臣. 高校廉洁文化建设理论与实践 [M]. 北京：人民出版社，2010.

[26] 宋墩福. 大学生廉洁教育教程 [M]. 北京：北京理工大学出版社，2010.

[27] 胡杨. 反腐败导论 [M]. 北京：中共中央党校出版社，2012.

[28] 王立仁. 学生思想政治教育论纲 [M]. 北京：中国社会科学出版社，2015.

[29] 宋世勇. 高校大学生廉政法治教育应用模式研究 [M].

北京：中国政法大学出版社，2013.

[30] 朱新光，苏萍. 西方国家公民廉洁教育比较研究 [M].
北京：北京大学出版社，2014.

[31] 张楠，欧阳媛. 大学生廉洁文化教程 [M]. 北京：中国
经济出版社，2014.

[32] 蒋硕亮. 中国公民教育与廉洁文化建设 [M]. 北京：北
京大学出版社，2014.

[33] 夏云强. 大学生廉洁教育研究 [M]. 哈尔滨：黑龙江教
育出版社，2008.

[34] 吴肇庆，李向成. 大学生廉洁教育的理论与实践 [M].
成都：四川大学出版社，2008.

[35] 李述芝. 公正与廉洁——大学生廉洁教育传统文化读本
[M]. 合肥：安徽教育出版社，2012.

[36] 徐传光，孔祥华. 激浊扬清——大学生廉洁教育纵横谈
[M]. 北京：人民出版社，2013.

[37] 刘宗立，杨亚东，曹威. 高校廉洁教育新探 [M]. 昆明：
云南人民出版社，2014.

[38] 谭琦. 社会主义核心价值观事业下的大学生廉洁教育
[M]. 哈尔滨：哈尔滨工程大学出版社，2015.

[39] 约翰·穆勒. 功利主义 [M]. 徐大建，译. 上海：上海
人民出版社，2008.

[40] 孟德斯鸠. 论法的精神 [M]. 许明龙，译. 北京：商务

印书馆，2012.

[41] 亚当·斯密. 道德情操论 [M]. 蒋自强，钦北愚，译. 北京：商务印书馆，2011.

[42] 迈克尔·桑德尔. 公正——该如何做是好 [M]. 朱慧玲，译. 北京：中信出版社，2014.

[43] 阿拉斯戴尔·麦金太尔. 依赖性的理性动物：人为什么需要德性 [M]. 刘玮，译. 南京：译林出版社，2013.

[44] 迈克尔·约翰斯顿. 腐败症候群：财富、权力和民主 [M]. 袁建华，译. 上海：上海人民出版社，2009.

[45] 杰瑞米·波普. 制约腐败：建构国家廉政体系 [M]. 清华大学公共管理学院廉政研究室，译. 北京：中国方正出版社，2003.

[46] 罗斯坦. 政府质量：执政能力与腐败、社会信任和不平等 [M]. 蒋小虎，译. 北京：新华出版社，2012.

[47] 透明国际. 全球青少年廉洁教育概览 [M]. 清华大学公共管理学院廉政与治理研究中心，译. 北京：中国方正出版社，2007.

[48] 张文军. 关于高校对大学生进行廉洁教育的思考 [J]. 中国高教研究，2006（4）.

[50] 沈其新. 中华廉洁文化基本理论三题 [J]. 湖南社会科学，2007（5）.

[51] 夏云强. 构建大学生廉洁教育内容基本框架的探讨 [J].

教育与职业，2007（26）.

[52] 魏文君. 试论大学生廉洁教育的指导性原则 [J]. 教育与职业，2009（2）.

[53] 曹萍，邱蜀进. 思政理论课功能与大学生廉洁教育目标的实现 [J]. 中国高等教育，2008（24）.

[54] 任兵. 高校党风廉政建设视域中的廉洁教育 [J]. 武汉理工大学学报，2009（4）.

[55] 张端春. 大学生廉洁教育的缺欠与对策 [J]. 思想政治教育，2009（6）.

[56] 陈文昆. 论当代高校大学生廉洁教育的目标及其原则 [J]. 黑龙江高教研究，2009（5）.

[57] 高建林，何玉. 从廉洁文化的功能特性看高校廉洁教育的架构及应把握的环节 [J]. 思想教育研究，2009（8）.

[58] 李玉华，孟鸿. 廉洁文化建设的思想政治教育功能论 [J]. 思想教育研究，2009（12）.

[59] 郝峰，殷雄飞. 高校廉洁文化建设的现状与对策分析 [J]. 江苏高教，2010（1）.

[60] 丁俊萍. 马克思恩格斯的廉政思想 [J]. 廉政文化研究，2010（4）.

[61] 张国臣. 浅谈高校廉洁文化体系的构建 [J]. 郑州大学学报（哲学社会科学版），2010（6）.

[62] 孙红艳. 大学生廉洁教育的针对性和有效性探析 [J].

教育与职业，2010（20）.

　　[63] 马海军. 大学生廉洁教育的系统分析 [J]. 继续教育研究，2010（12）.

　　[64] 廖梦园，陈详庚. 关于加强大学生廉政文化意识养成的思考 [J]. 思想理论教育导刊，2010（11）.

　　[65] 徐传光，于学强. 加强大学生廉洁教育的思考 [J]. 思想教育研究，2010（9）.

　　[66] 杨卫兵，王务均. 大学生廉洁教育项目化管理的基本内涵及运行机制研究 [J]. 学校党建与思想教育，2010（13）.

　　[67] 邓纯余. 社会化境遇中的大学生廉洁教育理论与实践检视 [J]. 黑龙江高教研究，2010（3）.

　　[68] 夏秀芹，曲雁. 开展大学生廉洁教育的探索与思考 [J]. 思想教育研究，2010（2）.

　　[69] 林加全. 论大学生廉洁教育的保障 [J]. 教育与职业，2011（27）.

　　[70] 张育民. 党风廉政建设与大学生作风教育和廉洁教育 [J]. 中南民族大学学报（人社版），2011（6）.

　　[71] 李红权，张春宇. 大学生廉洁教育：目标、现状与对策 [J]. 黑龙江高教研究，2011（10）.

　　[72] 肖凌云. 新形势下深入推进大学生廉洁教育的经验与探索 [J]. 思想教育研究，2011（8）.

　　[73] 刘晓燕，吴金满. "和谐"文化视域下的高校大学生廉洁

教育［J］. 中国成人教育, 2011 (11).

［74］龙兴跃. 论廉洁教育对大学生思想品德的正向作用［J］. 中国高等教育, 2011 (5).

［75］李定庆. 系统科学视野下大学生廉洁文化教育的若干思考［J］. 思想教育研究, 2012 (9).

［76］李景升, 陈晚云. 大学生就业指导环节渗透廉洁教育的实现途径［J］. 思想教育研究, 2012 (8).

［77］宋伟, 刘金程. 大学生廉洁教育的正外部性研究［J］. 现代远距离教育, 2012 (2).

［78］程晓娟. 廉洁教育与高校学生日常教育管理的渗透融合研究［J］. 教育与职业, 2012 (6).

［79］李姗, 罗爱静, 吴希林. 论大学生廉洁教育的输入［J］. 湖南社会科学, 2013 (5).

［80］殷竹钧. 新加坡大学生廉洁教育的实践经验及其借鉴［J］. 东南亚纵横, 2013 (4).

［81］王德芳. 大学生廉洁教育战略意义之再认识［J］. 湖北民族学院学报 (哲学社会科学版), 2013 (2).

［82］高星, 丁振国, 王渊. 大学生廉洁教育现状分析［J］. 学校党建与思想教育, 2013 (18).

［83］陈金波, 荣欣. 新形势下高校廉洁文化建设的困境与对策［J］. 廉政文化研究, 2013 (4).

［84］邓学源. 廉洁文化融入高校思想政治理论课的辩证思考

[J].思想政治教育研究,2013(2).

[85]寇晓燕.大学生廉洁教育社会化的理论与实践思考[J].教育与职业,2014(18).

[86]刘华.系统论视域下高校大学生廉洁教育的优化路径[J].高教论坛,2014(9).

[87]孙立军,温广宇,吴春丽,等.试论当前大学生廉政文化教育的现状及对策——以黑龙江部分高校为例[J].思想理论教育导刊,2014(5).

[88]付晓东.关于增强大学生廉洁教育实效性的思考[J].青年与社会,2014(10).

[89]周红,陈永凤.基于学校德育视角的大学生廉洁教育思考[J].教育与教学研究,2014(5).

[90]宋俊杰.心理学视域下大学生廉洁教育探微[J].学校党建与思想教育,2014(23).

[91]周至涯,耿亚军.以人为本视域下廉洁教育理念塑造的三重维度[J].西南民族大学学报(人社版),2014(6).

[92]彭文英,胡浩.大学生廉洁教育探析[J].教育与职业,2014(12).

[93]杨少波.坚持立德树人加强高校研究生廉洁教育[J].中国高等教育,2014(5).

[94]王琼花.高校二级学院大学生廉洁教育考评体系构建研究[J].山东社会科学,2015(2).

［95］张晓娟. 大学生廉洁教育的问题分析与对策思考［J］. 思想理论教育导刊，2015（8）.

［96］夏玉荣. 反腐新常态下大学生廉洁教育的特征转型及实践路径［J］. 学校党建与思想教育，2015（19）.

［97］胡友根. 大学生党员廉洁修身教育有效性的思考［J］. 教育理论与实践，2015（18）.

［98］武建军，聂国东. 谈社会主义核心价值观导向下的高校大学生廉洁教育的开展［J］. 教育探索，2015（4）.

［99］董伟武，程银，金娇. 民族地区大学生廉洁教育认知现状调查及对策［J］. 云南民族大学学报（哲学社会科学版），2015（2）.

［100］于广琮，朱林论. "微时代"视域下大学生廉洁文化教育的载体构建［J］. 江苏高教，2016（1）.

# 后 记

　　高校肩负着培养中国特色社会主义事业建设者和接班人的历史使命。本书对新时代大学生廉洁教育问题进行了深入思考和系统解读。前八章从理论层面论述了新时代为何要加强大学生廉洁教育，何为新时代大学生廉洁教育，新时代大学生廉洁教育何以可能等几个基本问题；后两章主要从实践层面介绍了新时代大学生廉洁教育的实施体系和保障机制，着重阐述了新时代如何开展大学生廉洁教育。

　　廉洁应成为新时代大学生的核心素养之一，与爱国、敬业、诚信、友善一起，成为国民的核心价值。国家和教育部专门就廉洁教育出台了相关政策文件，把廉洁教育上升到了国家的战略高度，说明廉洁教育有其存在和发展的合理性与必要性，这既是对大学生廉洁教育的有效强化，也是对高校思想政治教育的有力支撑。新时代的大学生廉洁教育有"四新"，即教育目标新、教育内容新、教育对象新、教育手段新，大学生廉洁教育既要强调廉洁知识的系统学习，又要强化与人才培养体系的有机融合。大学生廉洁教育是马克思主义廉洁观和马克思主义教育理论的重要内容。新时代大学生廉洁教育的核心任务就是要提高大学生的廉洁素养，要把廉洁素养作为大学生的基本核心素养，不断增强大学生的廉洁意识、廉洁价值观，不断提高大学生的拒腐防变能力。从某种意义上说，廉洁教育不仅塑造人、造就人才，而且也营造风清气正的政治生态和社会环境。

在新的时代背景下，我们必须以习近平总书记关于教育的重要论述为指导，并在大学生廉洁教育实践中，充分利用新媒体新技术的优势，拓展大学生廉洁教育空间，让大学生的廉洁教育充满时代气息。当前，各个高校都在努力构建"三全育人"体系，我们坚信，高校铸魂育人的根本任务必将得以高质量推进，大学生必将成为新时代党风廉政建设的主力军和廉洁文化建设的代言人。

出版专著是多年来的夙愿，历经两年的系统酝酿和艰辛写作，《新时代大学生廉洁教育论纲》得以定稿，在本书的撰写过程中，偶有孩子闯入书房嬉戏，虽然不时打断我的写作思路，但也无形中增添了不少乐趣，让我享受片刻的天伦之乐，反而激发我的写作灵感。在本书出版之际，我家的二宝也即将出生，就当是给他的见面礼吧！希望他能够健康成长！快乐成长！

本书的撰写始终坚持以习近平新时代中国特色社会主义思想为指导，以社会主义核心价值观为主线，深入探讨新时代大学生廉洁教育的内涵特征、目的意义、目标原则、内容方法、实施体系、保障体系等基本问题，力求全面展现新时代大学生廉洁教育的理论体系和实践机制。

　　本书得到广西一流学科（培育）建设项目（桂教科研〔2018〕12号）的资助和百色学院的大力支持，同时，在书稿撰写过程中，参考了国内外同行专家学者的成果，在引用专家、学者的观点过程中，都已力求注明出处，但也难免有错漏的地方，祈请专家、学者谅解海涵，请接受我在此致以崇高的敬意和衷心的感谢！

　　由于水平有限、功底浅薄，书中不足之处在所难免，恳请同仁批评指正！本书的顺利出版得益于光明日报出版社的大力支持，把本书列入"光明社科文库"资助推荐出版项目，在此要特别感谢光明日报出版社！

2019 年 12 月于百色澄碧湖畔